プリント形式のリアル過去問で本番の臨場感！

滋賀県

滋賀県立中学校

（河瀬・守山・水口東）

2025年春受験用

解答集

本書は，実物をなるべくそのままに，プリント形式で年度ごとに収録しています。
問題用紙を教科別に分けて使うことができるので，本番さながらの演習ができます。

■　収録内容

・解答集（この冊子です）

書籍ＩＤ番号，この問題集の使い方，最新年度実物データ，リアル過去問の活用，
解答例と解説，ご使用にあたってのお願い・ご注意，お問い合わせ

・2024（令和６）年度　～　2018（平成30）年度　学力検査問題

JN132569

○は収録あり

	年度	'24	'23	'22	'21	'20	'19
■ 問題（作文・適性検査）		○	○	○	○	○	○
■ 解答用紙		○	○	○	○	○	○
■ 配点							

全分野に解説があります

上記に2018年度を加えた7年分を収録しています
注）問題文非掲載：2022年度作文の1，2020年度作文の2，2019年度作文の2の一部

問題文の非掲載につきまして

著作権上の都合により，本書に収録している過去入試問題の本文の一部を掲載しておりません。ご不便をおかけし，誠に申し訳ございません。

教英出版

■ 書籍ＩＤ番号

入試に役立つダウンロード付録や学校情報などを随時更新して掲載しています。
教英出版ウェブサイトの「ご購入者様のページ」画面で，書籍ＩＤ番号を入力してご利用ください。

書籍ＩＤ番号　102224

（有効期限：2025年9月30日まで）

【入試に役立つダウンロード付録】
「要点のまとめ(国語／算数)」
「課題作文演習」ほか

■ この問題集の使い方

年度ごとにプリント形式で収録しています。針を外して教科ごとに分けて使用します。①片側，②中央のどちらかでとじてありますので，下図を参考に，問題用紙と解答用紙に分けて準備をしましょう（解答用紙がない場合もあります)。

針を外すときは，けがをしないように十分注意してください。また，針を外すと紛失しやすくなりますので気をつけましょう。

① 片側でとじてあるもの

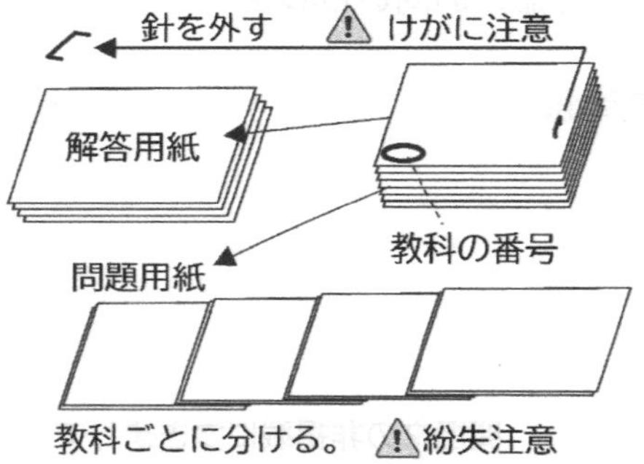

② 中央でとじてあるもの

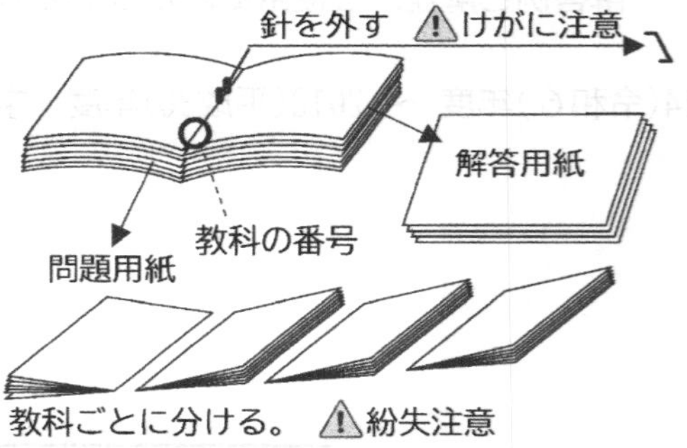

※教科数が上図と異なる場合があります。
解答用紙がない場合や，問題と一体になっている場合があります。
教科の番号は，教科ごとに分けるときの参考にしてください。

■ 最新年度 実物データ

実物をなるべくそのままに編集していますが，収録の都合上，実際の試験問題とは異なる場合があります。実物のサイズ，様式は右表で確認してください。

問題用紙	Ａ３プリント
解答用紙	Ｂ４プリント

リアル過去問の活用

～リアル過去問なら入試本番で力を発揮することができる～

本番を体験しよう！

問題用紙の形式（縦向き / 横向き），問題の配置や余白など，実物に近い紙面構成なので本番の臨場感が味わえます。まずはパラパラとめくって眺めてみてください。「これが志望校の入試問題なんだ！」と思えば入試に向けて気持ちが高まることでしょう。

入試を知ろう！

同じ教科の過去数年分の問題紙面を並べて，見比べてみましょう。

①　問題の量

毎年同じ大問数か，年によって違うのか，また全体の問題量はどのくらいか知っておきましょう。どのくらいのスピードで解けば時間内に終わるのか，大問ひとつにかけられる時間を計算してみましょう。

②　出題分野

よく出題されている分野とそうでない分野を見つけましょう。同じような問題が過去にも出題されていることに気がつくはずです。

③　出題順序

得意な分野が毎年同じ大問番号で出題されていると分かれば，本番で取りこぼさないように先回りして解答することができるでしょう。

④　解答方法

記述式か選択式か（マークシートか），見ておきましょう。記述式なら，単位まで書く必要があるかどうか，文字数はどのくらいかなど，細かいところまでチェックしておきましょう。計算過程を書く必要があるかどうかも重要です。

⑤　問題の難易度

必ず正解したい基本問題，条件や指示の読み間違いといったケアレスミスに気をつけたい問題，後回しにしたほうがいい問題などをチェックしておきましょう。

問題を解こう！

志望校の入試傾向をつかんだら，問題を何度も解いていきましょう。ほかにも問題文の独特な言いまわしや，その学校独自の答え方を発見できることもあるでしょう。オリンピックや環境問題など，話題になった出来事を毎年出題する学校だと分かれば，日頃のニュースの見かたも変わってきます。

こうして志望校の入試傾向を知り対策を立てることこそが，過去問を解く最大の理由なのです。

実力を知ろう！

過去問を解くにあたって，得点はそれほど重要ではありません。大切なのは，志望校の過去問演習を通して，苦手な教科，苦手な分野を知ることです。苦手な教科，分野が分かったら，教科書や参考書に戻って重点的に学習する時間をつくりましょう。今の自分の実力を知れば，入試本番までの勉強の道すじが見えてきます。

試験に慣れよう！

入試では時間配分も重要です。本番で時間が足りなくなってあわてないように，リアル過去問で実戦演習をして，時間配分や出題パターンに慣れておきましょう。教科ごとに気持ちを切り替える練習もしておきましょう。

心を整えよう！

入試は誰でも緊張するものです。入試前日になったら，演習をやり尽くしたリアル過去問の表紙を眺めてみましょう。問題の内容を見る必要はもうありません。どんな形式だったかな？受験番号や氏名はどこに書くのかな？…ほんの少し見ておくだけでも，志望校の入試に向けて心の準備が整うことでしょう。

そして入試本番では，見慣れた問題紙面が緊張した心を落ち着かせてくれるはずです。

※まれに入試形式を変更する学校もありますが，条件はほかの受験生も同じです。心を整えてあせらずに問題に取りかかりましょう。

滋賀県立中学校　2024 令和6年度　作文

《解答例》

1　一．外国人である筆者は、はじめて日本に来たときに、ある日本人に渋谷駅までの道をたずねた。すると彼は、言葉で道案内をしてもわからないだろうと筆者のことを思いやり、渋谷駅まで一緒に歩いてくれた上に、乗り場にまで案内してくれた。

二．〈作文のポイント〉

・最初に自分の主張、立場を明確に決め、その内容に沿って書いていく。

・わかりやすい表現を心がける。自信のない表現や漢字は使わない。

さらにくわしい作文の書き方・作文例はこちら！→

https://kyoei-syuppan.net/mobile/files/sakupo.html

2　一．私は、家にプラスチック製品のリサイクルボックスを設置しようと思う。私の家族はリサイクルをほとんど行っていないので、今後はプラスチックごみのリサイクルを増やすことができると思う。

二．1の二の〈作文のポイント〉参照。

《解　説》

1　一　【文章①】には，筆者がはじめて日本人に道を尋《たず》ねたときのことが書かれている。当時「日本語が下手」だった筆者の様子を見たその日本人は，言葉で説明しても「この片言《かたこと》の外国人にはたぶんわからないだろうな」と思い，この「外国人が迷子《まいご》になったらかわいそうだ」と思ったのかもしれないと，筆者は考えている。この日本人は，筆者のことを思いやり，その立場に立って考えた結果，筆者と駅まで歩くことにしたのである。

2　一　プラスチックごみのリサイクルについて，「自分に何ができるか」を書く。家や学校でできること，あるいはボランティア活動への参加やＳＮＳでの発信などが考えられる。

《解答例》

1 　1．(1)11　(2)691.4　(3)40，50　　2．(1)結果のちがいが，流す水の量のちがいによるものか，バットのかたむきのちがいによるものか分からないから。　(2)流す水の量が少ないときより多いときの方が，たおれたぼうの数が多く，下流に多くの土が積もったから。　　3．(1)30，63　(2)説明…10÷２＝５より，三角形ＡＢＣを５倍に拡大すると，三角形ＤＥＦと同じ大きさになる。210×５＝1050で，１ｍ＝100㎝だから，校舎の高さは1050÷100＝10.5(m)である。　答え…10.5　　4．手順①…水の量が減ると，ものがとける量が減るから。　手順②…水の温度を下げたとき，食塩がとける量は変わらないが，ミョウバンがとける量は減るから。

2 　1．(1)エ　(2)少子高齢化と人口減少によって15才～64才の生産年齢人口が減少し，労働力不足が起こること。

2．(1)1975年の人口はおよそ990000人，世帯数は250000世帯なので，１世帯あたりの人数は990000÷250000＝3.96(人)である。2020年の人口はおよそ1400000人，世帯数は570000世帯なので，１世帯あたりの人数は1400000÷570000＝2.45…(人)である。したがって，１世帯あたりの人数が減っていることがわかる。　(2)公助

3．(1)カ→ク→イ→ウ　(2)ウ　(3)生産者が特産品の魅力を直接消費者に伝えられるだけでなく，消費者の意見を直接聞いて，新たな商品開発の参考にすることなどもできるという点。

《解　説》

1 　1(1)　前庭の面積495㎠の$\frac{2}{9}$の$\frac{1}{10}$が花だんなので，$495\times\frac{2}{9}\times\frac{1}{10}=11$(㎡)である。

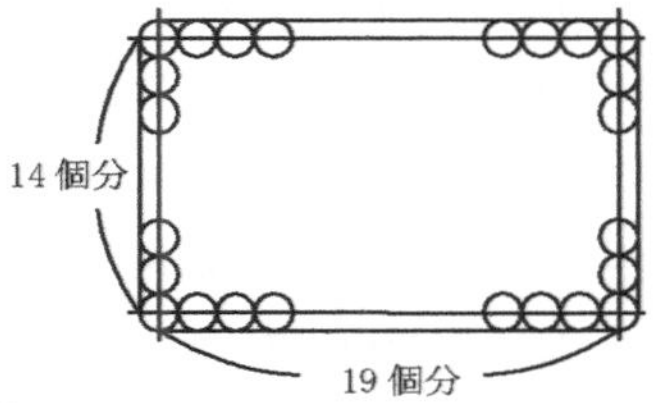

(2)　右の図より，ロープの直線部分の長さは，10×(14×２＋19×２)＝660(㎝)である。曲線部分の長さは，10×3.14＝31.4(㎝)なので，パンジーを植える場所１周分のロープの長さは660＋31.4＝691.4(㎝)である。

(3)　イの割引券《わりびきけん》を使うと，20％＝0.2より，１株100円のパンジーが100×(１－0.2)＝80(円)で購入《こうにゅう》できる。アの割引券は4000÷100＝40(株)以上の購入で使える。このとき支払《しはら》う代金は4000－1000＝3000(円)である。イの割引券で40株買うと，80×40＝3200(円)かかるから，このときアの割引券を使う方が安く購入できる。この3200－3000＝200(円)の差は，１株多く購入するごとに100－80＝20(円)ちぢまる。200÷20＝10より，40＋10＝50(株)だと，アの割引券を使ってもイの割引券を使っても支払う金額が同じになる。よって，アの割引券を使う方が安く購入できるのは40株以上50株未満である。

2(1)　ある条件について調べたいとき，その調べる条件だけを変え，それ以外の条件をすべてそろえて実験を行うことで，結果のちがいがその条件によるものだと判断できる。２つ以上の条件を変えてしまうと，結果のちがいがどの条件によるものか判断できない。　(2)　流す水の量が多いとき，たおれたぼうの数が多くなったことから，しん食のはたらきが大きくなったと考えられる。また，みぞの下流により多くの土が積もったから，みぞの途中でけずられた土が多く下流に運ばれた，つまり運ぱんのはたらきが大きくなったと考えられる。

3(1)　たて210㎝，横270㎝の長方形のわくの中に，しきつめられる最大の正方形の１辺の長さは，210と270の最大公約数である30(㎝)である。また，１辺の長さが30㎝の正方形をしきつめると，たてに210÷30＝７(まい)，横に270÷30＝９(まい)しきつめられるから，必要な正方形の板は７×９＝63(まい)である。

(2)　三角形ＡＢＣと三角形ＤＥＦは同じ形で，校舎のかげの長さが大型パネルのかげの長さの10÷２＝５(倍)で

あることから考える。

4　ものがとける量は水の量に比例する。水よう液の水をじょう発させて，水の量を減らすと，とけきれなくなったもの(食塩やミョウバン)がつぶになって出てくる。水には何もとけていないので，水をじょう発させると何も残らない。また，ものがとける量は，とかすものと水の温度によって決まっていて，食塩は水の温度が変化してもあまり変わらないが，ミョウバンは水の温度が高いほど多くなる。よって，60℃の水 50mL にミョウバン７はいをとかした水よう液では，表２より，水の温度を 30℃にすると３はい分のミョウバンが，10℃にすると５はい分のミョウバンがつぶになって出てくる。

[2]　**1(1)**　ア．誤り。滋賀県と日本全体を比較しても他県との比較はできない。イ．誤り。グラフ１は人口割合を示す帯グラフだから，人口は表されていない。ウ．誤り。64 才以下の人口割合は減っているが，人口が減っているかどうかは読み取れない。　**(2)**　工場で働くロボットは，人間に代わる労働力だから，生産年齢人口という言葉はできるだけ盛り込みたい。

2(1)　上から２けたのがい数にするときは，上から３けた目を四捨五入する。　**(2)**　県や市町などの地方公共団体や消防などによる公助，地域のコミュニティなどによる共助，個人による自助の違いを理解しておきたい。

3(1)　ア～クの県の位置は右図を参照。

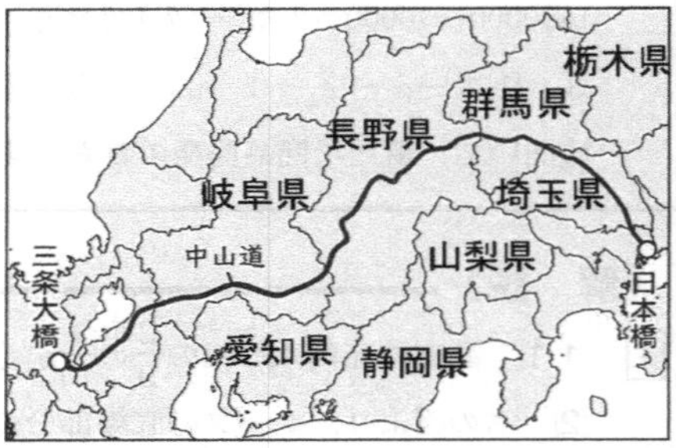

(2)　質問１は，グラフ５のように集計されるので，①から③の中から１つ選んでもらう。２つ以上選んでもらうと，質問１で①を選んだ人の人数がわからず，質問２のＢが答えられなくなる。したがって，Ａは「１つ」を選ぶ。質問２は，グラフ５より，66％＝0.66　500×0.66＝330(人)の小学生にアンケートをとったことがわかる。表より，アンケートに答えたのべ人数は 301＋215＋204＋280＝1000(人)なので，1000÷330＝3.03…より，330 人の小学生が１人あたりおよそ３つ以上選んでいることがわかるので，「すべて」を選ぶ。　**(3)**　生産者にとっての大切な場所である理由を，資料の中から読み取ること。第一段落に，店頭販売によって，消費者に直接，特産品の魅力を伝えることができることが書かれている。第二段落に，お客様との会話をヒントにして，新たな商品を開発したことが書かれている。

《解答例》

1　一．(例文)スポーツを通して「健康」や「友情」を獲得するため重要なのは、うまくできないことを克服するために練習し、挑戦する過程で、そのスポーツの面白さに触れ、スポーツ自体を楽しみ継続することである。そして、いま行っているスポーツを大切にし、主体的に、継続的にプレーできるための環境をつくることである。

二．〈作文のポイント〉

・最初に自分の主張、立場を明確に決め、その内容に沿って書いていく。

・わかりやすい表現を心がける。自信のない表現や漢字は使わない。

さらにくわしい作文の書き方・作文例はこちら！→https://kyoei-syuppan.net/mobile/files/sakupo.html

2　一．(例文)ロゼット状態で冬を過ごす植物は、春に成長するための場所を確保し、他の植物より早く成長を始める。それが他の植物の成長をさまたげるという点では利己的である。しかし、光合成によって他の生物の栄養分となる炭水化物を作り出し、葉や実や果物を惜しげもなく他の生物に与えるという点では利他的である。

二．1の二の〈作文のポイント〉参照。

《解　説》

1　一　「面白《おもしろ》さ」について、【文章①】に、「それぞれのスポーツには～『面白《おもしろ》さ』があり、『面白さ』にふれて楽しむことを目的として私《わたし》たちはプレーしています」「うまくできないことをみつけ、ふたたび新しい挑戦《ちょうせん》にむかうはずです。このようにスポーツでは、常に挑戦が連続しています。このプロセスは楽しいことだと思いませんか」とある。この部分から、スポーツの「面白さ」は、うまくできないことに挑戦するところにあるということをまとめる。また、【文章①に対するコメント】の □ の中の文章に「いま行っているスポーツを大切にし、主体的に、そして継続的にプレーすることが効果を獲得するためには重要であり、その環境《かんきょう》を仲間や指導者とつくることがもとめられるのです」とあるので、この内容を落とさずにまとめる。

2　一　【文章①】では、冬をロゼットの姿で過ごす植物たちについて説明しており、植物の「利己的な面」が書かれている。一方、【文章②】では、最初の行に「生命は基本的に利他《りた》的なものなのです」とあるように、植物の「利己的とはいえない面」が書かれている。

《解答例》

1　1．⑴20　⑵335　　2．⑴15　⑵実験用ガスコンロで金属球を加熱し，金属球が金属の輪を通過できないという結果になればよい。　　3．青／5　　4．⑴蒸散　⑵使うと熱くなるので，冷めるまで直接さわらないようにする。　⑶ジャガイモを細かくおしつぶすことで，デンプンが体に吸収されやすい養分に変わる。　⑷試験管を2本用意し，一方にはゆでたジャガイモとだ液を入れてよく混ぜ，もう一方にはゆでたジャガイモと水を入れてよく混ぜ，どちらも体温と同じ温度で温める。それぞれにヨウ素液を加え，ヨウ素液の色の変化を調べる。

2　1．⑴浄水場　⑵赤潮の発生原因の1つである川に直接流されていた汚れた排水が，下水処理場で処理されてきれいになって，川に流されるようになったから。　　2．⑴雨水を地中に貯え，ゆっくり川に流す役割。

⑵記号…②　理由…雨水は森林の地中に貯えられ，ゆっくり川に流れていくので，雨が降り始めても川は急激に増水せず，川の水の量はゆるやかに増減すると考えられるから。　　3．⑴水質検査　⑵水不足で苦しむ国や地域に住む人々に，安全な水を十分に得る方法を伝えることで，住民自らの力で安全な水の供給・管理ができるようになること。　⑶(例文)それぞれの地域がかかえる問題の原因をつき止め，その原因を根本から解決することで，その地域の人々が自立して安全に暮らせる環境づくりを目指すこと。

《解　説》

1　1⑴　153÷8＝19余り1より，153きゃくのいすを横に8きゃくずつ並べると，縦《たて》に19列でき，1きゃく余る。よって，最も長くなる縦の列はいすが19＋1＝20(きゃく)並ぶ。

⑵　全校児童数の20%が67人だから，全校児童は $67\times\frac{100}{20}=335$(人)である。

2⑴　1時間＝60分＝(60×60)秒＝3600秒，1km＝1000m＝(1000×100)cm＝100000cmである。よって，鉄道模型《もけい》の速さは，$81\div3600\times100000\times\frac{1}{150}=15$ より，秒速15cmに設定すればよい。

⑵　夏に線路のつなぎ目にあるすき間がなくなるのは，金属でつくられた線路があたためられて体積が大きくなる(膨張《ぼうちょう》する)ためである。よって，ここでは，金属があたためられると体積が大きくなることを確かめればよい。

3　「1列目」が10枚《まい》の場合，奇数列目の青色と白色の枚数は同じである。よって，偶数列目の青色と白色の枚数の差を考えればよい。偶数列目の紙の枚数は奇数枚であり，青色から並べるので，青色の方が白色より1枚多くなる。「1列目」が10枚のとき，列は全部で10列あるので，偶数列は10÷2＝5(列)ある。よって，青色の方が1×5＝5(枚)多く必要である。

4⑴　水が水蒸気となって出ていく小さなあなを気孔《きこう》という。気孔では，蒸散によって水蒸気が出ていくとともに，呼吸や光合成によって酸素や二酸化炭素が出入りしている。　　⑶　考察のはじめに「予想とことなり」とあるから，それ以下の内容と反対の結果になることを予想していたと考えられる。　　⑷　なつみさんが行った実験では，ジャガイモのデンプンがなくなった(体に吸収されやすい養分に変わった)ことは確かめられるが，それがだ液によるものかどうかは判断できない。よって，なつみさんが行った実験に加え，だ液の条件だけがことなる(だ液を入れずに水を入れた)試験管を用意し，だ液を入れなかった試験管でヨウ素液の色が青むらさき色に変化することが確認できれば，デンプンの変化がだ液によるものだと判断できる。

2　1(1)　浄水場では，ダム，川，地下水などから水を取り入れ，沈殿《ちんでん》池やろ過池でゴミや泥などを取りのぞいて塩素で消毒し，飲み水として利用できようにしている。

(2)　赤潮とは，水中にいるプランクトンが異常に増えることで，水の色が変色する現象である。人間が使った洗剤や農薬，肥料などには，ちっ素やリンが含まれており，排水をそのまま流すと，湖や海水にちっ素やリンが大量に溶け込み(富栄養化)，これらを栄養とするプランクトンが異常に増える原因となる。発生したプランクトン自体が有毒であったり，大量のプランクトンがいっせいに呼吸することで，水中の酸素が減少したりして，魚や貝が死んでしまう。図１と図２を比べると，図１では家庭からの排水をそのまま川に流しているが，図２では，家庭・工場からの排水を一度Ｂに集めたあと，川に流している。Ｂの下水処理場では，バクテリアなどの微生物が下水の汚れを食べることを利用して下水処理を行い，下水をきれいにしてから川に流している。

2(1)　図４のように，木がないところでは雨水は地面をそのまま流れていくが，図３のように，森林に雨がふると，雨水は木の葉や枝をつたって地面に落ち，森林の土じょうに一度貯えられ，地下水となって川にゆっくり流れていく。森林の土じょうは，落ち葉などがくさって積み重なったり，小動物が土を耕したり掘ったりしているので，スポンジ状になっており，雨水を貯え，同時にろ過・吸着・分解をして水をきれいにしている。　(2)　森林が雨水を貯えてゆっくり川に流すことで，大雨による洪水を防いだり，雨水がすぐに川から海に流れ出てしまって水不足になることを防いだりすることができる。

3(1)　水道水は，水質検査によって，「水質基準に関する省令」で規定する水質基準に適合することが必要である。

(2)(3)　「魚を与えるのではなく，魚の釣り方を教えよ」という格言があるが，これは，食べるものに困っている人がいるときに，「魚を与えれば１日で食べ終わってしまうが，釣り方を教えれば一生食べていける」という意味で用いられる。このように，ただ困っている人々に飲み水・食料・お金を与えるのではなく，現地の人々が自分たちで自立して安全に暮らせるよう，現地の教育水準を高めたり，技術提供を行ったりして，長期的な視点を持って支援することが大切である。ユニセフの報告によると，世界の 22 億人が安全に管理された飲み水の供給を受けられず，42 億人が安全に管理されたトイレなどの衛生施設を使うことができず，30 億人が手洗い施設のない暮らしをしているとされている。こうした観点から，持続可能な開発目標(ＳＤＧｓ)のゴール６「安全な水とトイレを世界中に」を実現するために，自立のための支援が行われている。

★滋賀県立中学校　2022 令和4年度　作文

《解答例》

1　一．気象条件、地形や地質、水源との位置関係といった、地域によって異なる自然条件に左右されながら育まれてきた。また、琵琶湖の周囲にいくつもの街道が通っているため、様々な土地のえいきょうを受けて育まれてきた。

二．(例文)

　県特産の野菜や魚にくわしくなろうと伝えたい。なぜなら、それらが材料となって独自の食文化を支えているからだ。さらに調べる必要があるのは、伝統野菜や琵琶湖の固有種がどのように食べられてきたかという歴史だ。郷土料理を食べる機会は減っているが、食文化を守るために学ぶ必要があると考える。

2　一．(図①を選んだ場合の例文)

　シャンプーの容器にギザギザのきざみを付ける工夫がされています。かみを洗う時、目を閉じていても手の感覚だけでシャンプーとリンスを区別できるので、使いやすいです。視覚障害の有無にかかわらず、すべての人が使いやすいデザインです。これは、7原則の「誰でも公平に使えること」にあたります。

二．(例文)その大きなスイッチに、声による指示で照明をつけたり消したりできる機器を取り付けるという改良をすれば、手がとどかない人でも操作することができます。また、暗い中でスイッチを探さなくて済みます。以後は、誤作動をどれだけ減らすか、その精度を上げるための改良を重ねていく必要があります。

《解　説》

1　一　自然条件と地域《ちいき》の食文化の関係については，【文章①】の最後の4行で説明されている。また，【文章②】からは，多くの街道《かいどう》があることで，他の地域との人や物の往来が盛《さか》んであったことが読み取れる。

《解答例》

1　1．建物や木など，目印となる風景

2．(1)3.5　(2)星…1　ひまわり…1　ヨット…3　求め方…星1個は20g，ひまわり1個は7.5＋2.5＝10(g)，ヨット1個は7.5×2＝15(g)ある。左側のひまわりとヨットの重さの和と右側の(ア)の重さの比は，30：10＝3：1の逆比である1：3となるから，右側の(ア)の重さは，(10＋15)×3＝75(g)である。星，ひまわり，ヨットそれぞれ1個ずつの重さの和は20＋10＋15＝45(g)で，残り75－45＝30(g)はヨット30÷15＝2(個)分の重さだから，(ア)には，星1個，ひまわり1個，ヨット1＋2＝3(個)をつり下げればよい。

3．(1)コップのまわりの空気にふくまれる水蒸気が冷やされて水滴になったから。

(2)(い)正方形，正六角形　(う)正多角形の1つの角の大きさが360の約数

2　1．(1)小さくバラバラだった田が大きく均一な長方形になった。　(2)機械を利用する　(3)ウ　(4)インターネットを利用することで，田に行かなくてもすべての田に一斉に給水ができるから。

2．(1)イ　(2)在来魚の産卵場所を増やし保護することで，在来魚が多く育つようにするところ。　(3)びわ湖産の魚介類を使ったメニューを開発宣伝し，県内外に発信すれば，多くの人がびわ湖産の魚介類のよさを知り，消費する機会が増える

《解　説》

1　2(1)　星の重さ20gのうち，金色のはり金の重さが7.5×1.5＝11.25(g)だから，銀色のはり金の重さは20－11.25＝8.75(g)である。よって，銀色のはり金は，8.75÷2.5＝3.5(m)使ったことになる。

(2)　つり合っているてんびんでは，うでの長さの比とおもりの重さの比がたがいに逆比になることを利用して考える。解答例の「星1個，ひまわり1個，ヨット3個」以外の組み合わせとして，「星1個，ひまわり4個，ヨット1個」または「星2個，ひまわり2個，ヨット1個」が考えられる。

3(1)　このように，空気中の水蒸気が冷やされて水滴《すいてき》がつくことを，結露《けつろ》という。

(2)　1つの頂点を中心にすきまや重なりなくしきつめられるとき，その頂点の周りにある角の和は360°となる。よって，そのときの正多角形の1つの内角の大きさは，360の約数になるとわかる。

正多角形の1つの内角の大きさは，180°より大きくなることはない。

1つの内角の大きさは，正方形が90°，正五角形が180°×(5－2)÷5＝108°，正六角形が180°×(6－2)÷6＝120°，…となる。360の約数のうち，90以上で180より小さい数は，90と120だけなので，正三角形の他にしきつめられる正多角形は，正方形と正六角形である。

2　1(1)・(2)　資料1を見ると，農道の幅が広くまっすぐに整備されたことや，水田が集積されてきれいに区画されたことが読み取れる。これらの区画整備により，トラクターやコンバイン，農作物運ぱん用のトラックなどが速く安全に通行できるようになる。以上のような，水田や農道，用水路などの整備を一体的に行い，区画形状を整理して生産性を高める取り組みを「ほ場整備」という。　(3)　ウ．農家一戸あたりの水田面積は，1995年が47÷54＝0.87…(千ha)，2000年が43÷38＝1.13…(千ha)，2005年が40÷31＝1.29…(千ha)，2010年が36÷25＝1.44(千ha)，2015年が31÷19＝1.63…(千ha)だから，増えてきている。　(4)　林さんが給水栓について，「水田に入れる水

の量の調節を，スマートフォンなどを使って一斉に行える」と言っている。資料２より，水田の給水をスマートフォンでモニタリングしながら，遠隔操作できることを読みとる。

２(1)　イが正しい。貝類の漁獲量は，1959 年が 8853×0.739＝6542.367(トン)，1989 年が 4825×0.143＝689.975(トン)だから，5852.392 トン減少した。　ア．魚類の漁獲量は，1959 年が 8853×0.238＝2107.014(トン)，1989 年が 4825×0.693＝3343.725(トン)だから，増加した。　ウ．1959 年のびわ湖の総漁獲量の 10%は，8853×0.1＝885.3(トン)だから，2019 年の漁獲量の方が多い。　エ．1989 年のエビ類の漁獲量の約半分は，$\frac{4825\times0.164}{2}$＝395.65(トン)だから，2019 年のエビ類の漁獲量の 896×0.083＝74.368(トン)と合わない。　(2)　林さんが魚のゆりかご水田について，「在来魚が水田に上れるようにして…魚の子どもが生まれ，育つことができます」と言っている。資料４より，沖で成長した在来魚が，ヨシ帯で産卵し，子どもを育てることを読みとる。

(3)　円グラフより，滋賀県民の半分以上がびわ湖産の魚介類をほとんど食べていないことから，びわ湖産の魚介類の消費量を増やすことが課題である。その解決策として，琵琶湖八珍などのびわ湖の魚を使ったメニューを観光客に提供したり，学校給食にびわ湖の魚を提供したりすることで，びわ湖の魚を消費する機会を増やしていることを読みとる。

《解答例》

1 一．人間の言葉は、新しい世界を生みだしたり、過去や未来、想像上のことを表し、伝えたりすることができ、時間や場所を超えて思いを共有することさえできるから。

二．(例文)

私は、中学校生活の中で豊かな人間関係を築くことに生かそうと考えている。優れた文学作品にふれて、いろいろな表現方法や言葉を学び、それらを使って自分の思いを伝え、お互いを理解し合い、思いを共有できるようにしていきたい。

2 一．自然界では、得られる食べ物の量が常に変化するので、そのような変化を乗り切るために、常に一定の食物を確保しておく必要があるから。

二．(例文)

くちばしでは直接取ることができない場所にある餌をとらなければ生きていけないかん境で、日本のカラスを観察し、道具を使うようになるかどうか調べる。道具を使うようになれば、かん境のちがいが行動のちがいに結びついていると判断できるからだ。

《解答例》

1　１．電磁石に巻く導線の巻き数を増やす。

２．説明…畑の面積は，６×(５－３)÷２＋３×６＝24(㎡)であり，１ａ＝100 ㎡あたり肥料 350 kg程度がよいから，求める肥料の量は，$350\times\frac{24}{100}$＝84(kg)程度である。　答え…84

３．なつみさんが「【確かめたいこと】がわからない。」と考えた理由…この実験方法では，温度の他に明るさの条件も同じにならないから。　【実験方法】をどのように変えるとよいか。…Ａに置いたダイズの種子を暗い箱の中に入れる。

４．①ウ　②エ　③キ

５．説明…２月 19 日は，１月を基準にした数字に直すと，１月 31 日＋19 日＝１月 50 日となる。50÷７＝７余り１より，７で割った余りが１になる数のグループを探すと，１日，８日，15 日，…のグループが見つかるから，今年の２月 19 日は金曜日であることがわかる。

2　１．イ

２．⑴インターネットの利用率がのびた原因の一つは，スマートフォンを保有する人が増えたことだと考えられる。
⑵※１．他の人が不快な思いをすることをしない。　※２．まちがった情報をうのみにしないようによく考える。

３．①や④は外国人などの日本語がわからない人でも理解できるように，②や③は障がいのある人でも，他の人たちと同じ生活ができるようにといった，すべての人たちが生活しやすくなるようになっている。

４．⑴びわ湖に流れ込む川の水を汚さないようにする　⑵生産者…消費者との距離が近くなり，消費者のニーズにそった効率的な生産ができる。／成果がわかりやすく，働く意欲が高まる。などから１つ
消費者…安全な食品を手に入れることができる。／生産者を知ることで安心して食べることができる。／身近な場所から新鮮な農作物を得ることができる。などから１つ

《解　説》

1　**1**　電池の数を増やす方法の他に，電磁石に巻かれている導線の巻き数を増やす方法によって，電磁石を強くすることができる。

2　１ａ《アール》は，１辺の長さが 10mの正方形の面積なので，１ａ＝10m×10m＝100 ㎡である。
図２について，右図のように底辺が６ｍ，高さが５－３＝２(ｍ)の三角形と，縦が３ｍ，横が６ｍの長方形にわけると，面積は６×２÷２＋３×６＝６＋18＝24(㎡)となる。
１ａ＝100 ㎡あたり肥料 350 kg程度がよいので，肥料は$350\times\frac{24}{100}$＝84(kg)程度準備すればよい。

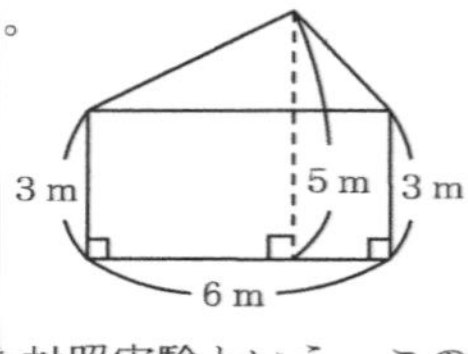

3　ある条件が必要かどうかを調べるとき，その条件以外を同じにして結果を比べる実験を対照実験という。この実験では，温度の条件の他に明るさ(日当たり)の条件も異なるため，適当な温度が必要かどうかわからない。温度以外の条件を同じにするために，日光が当たるＡに置いたダイズの種子を暗い箱の中に入れればよい。

4　肉，卵，ダイズなどに多くふくまれるタンパク質は，筋肉《きんにく》や臓器などをつくるもとになる。また，牛乳や海そうなどに多くふくまれる無機質(カルシウム)は，骨や歯などをつくるもとになる。

5　7で割った余りが1となる数は，1÷7＝0余り1，8÷7＝1余り1，…より，金曜日の数であることがわかる。

2　2(1)　グラフ1からは、インターネットの利用率がのびていることが読み取れる。特に、年齢の高い層ののびが大きい。グラフ2からは、スマートフォンとタブレットの保有率がのびていることが読み取れる。

3　①は高齢者，③は車いすの人を優先するピクトグラムである。②は目が不自由な人が歩くための点字ブロックである。④は，英語やハングル(韓国などで使用される文字)，中国語が表記されていることに着目しよう。

4(1)　環境こだわり農産物は，びわ湖の水を守るために，農薬・化学肥料の使用量を通常の半分以下に減らし，農業濁水の流出を防いで栽培された農産物である。　(2)　ポスターより，地産地消で生産者と消費者の距離が近くなることが読み取れる。その結果，生産者は消費者のニーズをとらえて効率的に生産できるようになり，消費者は安心して農産物を購入できるようになる。資料より，トレーサビリティで食品の仕入れ先などの情報を入手できることが読み取れる。その結果，生産者の責任が明確になって品質が向上し，消費者の食品に対する安全や安心につながっていく。

《解答例》

1 一．古典を読むと自然の美しさの味わい方を知ることができたり、名作を読むと自分の感じ方や考え方をふり返ることができたりする。そのように、読書によって、人生に厚みが出て、人間味が深まるということ。

二．（例文）

本は、そのときどきの自分の経験によって感想が変わります。自分の心をうつす鏡である本を読むことで、人生は豊かになります。読書が好きになるには、まずはおもしろいと感じる本に出会うこと、わからなくてもおもしろいという気もちになることが必要です。

2 一．森が荒れて木の活力が落ち、大風で大木が倒れて建物などに思わぬ被害が出ることと、植物の生活環境が悪くなり、種の維持をはかろうとより多くの花粉をまき散らすため、花粉症の人が増えること。

二．（例文）

テーマ…昔ながらの暮らしの知えを学ぼう

かつての日本では、森や里山を人間がじょうずに管理し、自然と共生していました。当時の暮らしの良さを見直し、里山体験ツアーを企画している人がいると聞きました。そのような人を取材して、知えや技術を教わり、現代の生活に組みこめば、自然をこわさずに生活する方法が見つかると思います。

《解答例》

1　1．到着時刻…7，57，56　理由…分速60m＝秒速(60÷60)m＝秒速1mだから，家を出発してから1390÷1＝1390(秒後)に横断歩道の前に着く。1390÷80＝17 余り 30 より，青の点めつのときに横断歩道に着くとわかるから，横断歩道の前で80－30＝50(秒)待つ。横断歩道をわたり始めてから，公民館まで，(6＋230)÷1＝236(秒)かかるので，全部で1390秒＋50秒＋236秒＝1676秒＝27分56秒かかる。よって，公民館に到着する時刻は，午前7時30分＋27分56秒＝午前7時57分56秒である。

2．のりしろのはば…2.6　間かく…2.8　　3．右図　　4．右表

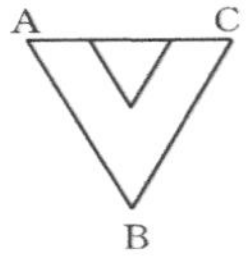

	こうた	はるか	すすむ	はるみ	あきお
1回目	2	0	1	7	2
2回目	4	7	2	1	4
3回目	0	2	4	1	2
4回目	4	2	2	4	0
5回目	2	4	0	1	7
6回目	1	2	4	0	7

5．⑴ストップウォッチのボタンをおすタイミングのずれがそのままふりこが1往復する時間との誤差になるから。

⑵正しいとは言えない理由…図アと図イのふりこでは，おもりの重さとふれる角度がどちらも異なるから。　実験方法をどのように変えるか…長さ 30 cm，おもりの重さ 60gのふりこが，ふれる角度30°と15°で1往復する時間をそれぞれ調べる。さらに，長さ30cm，ふれる角度30°で，おもりの重さが60gと30gのふりこが1往復する時間をそれぞれ調べる。

2　1．5年間使用するときの電球の値段と電気代の合計について，ＬＥＤ電球は1つ必要だから，3000＋400×5＝5000(円)，電球型蛍光灯は2つ必要だから，800×2＋600×5＝4600(円)である。6年目に入るときに，電球型蛍光灯は買いかえる必要があるので，さらに電球の値段の800円がかかり，このときまでにかかる費用の合計は4600＋800＝5400(円)となる。よって，6年目に入るとＬＥＤ電球の方が費用の合計が少なくてすむとわかる。

2．リサイクルするために，捨てるとき材質別に分別すること。

3．⑴食品ロスを減らすことができる　⑵長きょり輸送の手段として自動車でなく船や鉄道を利用し，輸送時に排出する二酸化炭素の量を抑えることが，地球温暖化の抑制につながるから。

4．⑴洗剤やシャンプーなどを詰め替えて使うこと。／不用となった衣類や家具・おもちゃなどを人にゆずること。などから1つ。　⑵(例文)処分場でこれからうめることができるごみの量には限りがあります。ごみの総排出量は年々減っていますが，このままではあと十数年で限界になります。そうならないために，もっとごみの総排出量を減らすリデュースをすすめ，再資源化するリサイクル率を高めていくことが必要です。

《解　説》

1　1　分速60m＝秒速(60÷60)m＝秒速1mなので，はるきさんが横断歩道の前に着くのは，家を出発してから，1390÷1＝1390(秒後)である。歩行者用信号が，ちょうど青になってから次にちょうど青になるまでにかかる時間は80秒なので，1390÷80＝17余り30より，はるきさんが横断歩道の前に着くとき，歩行者用信号は午前7時30分から，「青→青の点めつ→赤」を17回くり返した後の30秒後の「青の点めつ」だとわかる。

したがって，はるきさんは横断歩道の前で，次に「青」に変わるまでの80－30＝50(秒)を待ってから横断歩道をわたり始める。横断歩道をわたり始めたところから公民館までは，6＋230＝236(m)あるので，236÷1＝236(秒)かかる。よって，はるきさんが家を出発してから公民館に到着《とうちゃく》するまでに，全部で1390＋50＋236＝1676(秒)かかる。1676÷60＝27余り56より，1676秒＝27分56秒だから，公民館に到着する時刻は，

午前７時30分＋27分56秒＝午前７時57分56秒である。

2　台紙は５枚あるので，のりしろは５－１＝４(つ)ある。台紙５枚の横の長さの合計は，78.8×５＝394(cm)なので，絵をはる場所の横はばよりも394－383.6＝10.4(cm)長い。よって，台紙ののりしろ１つ分のはばは，10.4÷４＝2.6(cm)である。

台紙のはしと絵，絵と絵の横の間かくは全部で16＋１＝17(か所)ある。絵16枚の横の長さの合計は21×16＝336(cm)なので，絵をはる場所の横はばよりも383.6－336＝47.6(cm)短い。よって，絵と絵の横の間かくは，47.6÷17＝2.8(cm)である。

3　正三角形の１辺の一部のみを切り取って，かざりを作ることに注意する。図４のかざりを，図５の正六角形の向きのままで作ろうとすると，右図ⅰのように切り取らなければならず，正三角形に折ったときの３辺を切り取ることになる。図５の正六角形を右図ⅱのように回転させると，図４のかざりがぴったり入るので，正三角形に折ったときの１辺の一部を解答例のように切り取ればよいとわかる。よって，正六角形の外側の辺が集まる辺ＡＣを三角形に切ればよい。

図ⅰ

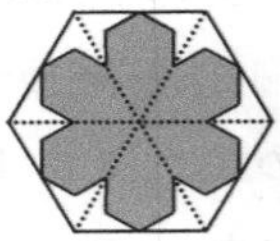

図ⅱ

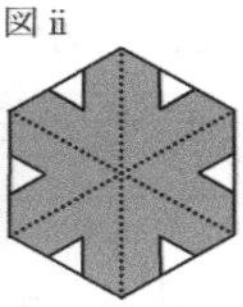

※点線は正三角形に折ったときの折り目である。

4　右表のように得点表に記号をおく。４回目の時点での合計は，こうたさんが10点，はるかさんが11点，すすむさんが９点，はるみさんが13点，あきおさんが８点である。あきおさんは５回目で１位に追いつくので，少なくとも５回目の得点は13－８＝５(点)以上で，㋓は７と決まる。５回目が終わったときの１位の得点は８＋７＝15(点)で，このとき１位の人はあきおさん以外にもう１人いる。はるかさんが１位とすると，㋐は15－11＝４，すすむさんが１位とすると，㋑は15－９＝６，はるみさんが１位とすると，㋒は15－13＝２となり，５回目の得点が全員ちがったことと得点の種類から，㋐は４と決まる。５回目も６回目もそれぞれ全員の得点がちがったことと，全員が６回中１回は０点を出したことから，㋑と㋖が０，または，㋒と㋕が０のどちらかとわかる。

	こうたさん	はるかさん	すすむさん	はるみさん	あきおさん
１回目	2	0	1	7	2
２回目	4	7	2	1	4
３回目	0	2	4	1	2
４回目	4	2	2	4	0
５回目	2	㋐	㋑	㋒	㋓
６回目	1	㋔	㋕	㋖	7

ゲーム終了後，こうたさんの合計の13点と同じ人がいたことと，ここまででわかっていることより，すすむさんの合計が13点となるとわかるので，㋑と㋕の和は13－９＝４で，㋑または㋕に４が入る。しかし，５回目ではるかさんが４点だから，㋕が４と決まる。よって，㋑と㋖が０と決まり，㋒は５回目でまだ出ていない１，㋔は６回目でまだ出ていない２と決まる。

5⑴　はるきさんのはかり方では，例えば，ちょうど１往復する0.2秒前にストップウォッチを止めたとすると，誤差が0.2秒になる。これに対し，なつみさんのはかり方では，ちょうど10往復する0.2秒前にストップウォッチを止めたとすると，１往復あたりの誤差が 0.2÷10＝0.02(秒)になり，ばらつきが少なくなるということである。

⑵　この実験だけでは，おもりの重さが重い方がふりこが１往復する時間が短いが，ふれる角度が大きい方がふりこが１往復する時間が長いために，図アと図イのふりこが１往復する時間が同じになった可能性が考えられる。おもりの重さやふれる角度のちがいが，ふりこが１往復する時間に関係ないことを確かめたいのであれば，確かめたい条件以外をすべて同じにして結果を比べなければならない。

2　**1**　５年間使用するときにかかる費用をそれぞれ考える。ＬＥＤ電球は，10年買いかえる必要がないので，５年でかかる費用の合計は，3000＋400×５＝5000(円)である。電球型蛍光灯《けいこうとう》は，２年６か月で買いかえる必要があるので，５年では合計２つ必要となり，かかる費用は，800×２＋600×５＝4600(円)である。５年たった時点での費用の合計は電球型蛍光灯のほうが安いが，６年目に入るときに電球型蛍光灯は買いかえなければいけないので，このときまでに，合計で4600＋800＝5400(円)かかる。よって，６年目に入るとＬＥＤ電球を使ったほうが費用の合計が少なくなる。

2　アは紙マーク，イはプラスチックマークである。ごみの分別化が進めば，古紙は原料の木材パルプに，廃プラスチック製品は原料の樹脂にリサイクルしやすくなる。

3(1)　食品ロスとは，まだ食べられるのに廃棄される食品のことである。食品を無駄にせず使い切るため，ばら売りや量り売りを活用したり，期限切れが近い食品から使ったりすることなどがすすめられている。

(2)　図より，自動車の他，船や鉄道を輸送に使うくふうが行われているとわかる。グラフ１では，自動車による貨物輸送量が多いこと，グラフ２では，自動車の二酸化炭素排出量の割合が他よりも圧倒的に高いことを読み取り，自動車の代わりに船や鉄道を使うことで二酸化炭素の排出量を抑えていることを導く。そのことを，二酸化炭素などの温室効果ガスの大量排出によって発生する地球温暖化と関連付けよう。トラックによる長きょり輸送を船や鉄道に代える取り組みをモーダルシフトという。

4(1)　リデュースはゴミの発生を抑えること，リユースはそのままの形体で繰り返し使うこと，リサイクルは資源として再び利用することである。詰め替えて使うことは，リユースだけでなくリデュースにもつながる。

(2)　「はるかさんが学校で学習したこと」より，これからうめることができるごみの量が，１年間でうめられたごみの量 11 個分程度で，限りが有ることを読み取る。グラフ３より，ごみの総排出量が減り続けている一方で，リサイクル率が平成23年度以降ほとんど変動がないことを読み取る。

《解答例》

1 一.

(例文)

フクロウとイルカがえものやエサを見つけるための方法として共通する点は、音を聞いて対象物の位置をとらえている点です。異なる点は、フクロウは耳で音の到達時間のずれをキャッチして音源の位置を認知しますが、イルカはクリックスを発して、それが対象物に当たって反射してきた音を聞いて、距離や大きさなどを知るエコーロケーションという能力を使っている点です。

二.

(例文)

私は、ゴミの処理について授業で学習し、私でもできるゴミの減量と再利用についてもっと知りたいと思った。そのため、インターネットなどで調べて、ゴミの水分を切ること、分別してリサイクルすることが、私にもすぐに実せんできることだとわかった。

2 一.

(例文)

【図①】では、まだ漢字を習っていない低学年の子には、伝達の目的を果たせないと思うからだよ。【図②】なら、低学年の子でも、一目で保健室であることがわかると思うよ。

二.

(例文)

私は、学校生活の中で、絵文字よりも文字で表す方がよりよく伝えることができるのは、相手に複雑な内容を伝えたい場合だと思う。たとえば、読書感想文だ。自分が思ったことや考えたことを先生や友だちに伝えるには、文字の方が細かく正確に伝わると思う。

《解　説》

1 一　【文章①】の第5段落の「フクロウは、真の暗黒にした実験室の中でも～床《ゆか》を走るネズミめがけて的確におそいかかる。フクロウは耳で見ているのだ」、【文章②】の「クリックスを発して、それが～反射してきた音を聞いて～その反射したものまでの距離《きょり》～大きさや形～などを知ることができる能力です」「イルカはこの能力を使って～エサはいないかといったことをすばやく知ることができるのです」から、フクロウとイルカがえものやエサを見つけるための方法の共通点は、両者とも「音」を利用しているということである。異なる点は、フクロウが「両方の耳に音が到達《とうたつ》するする時間のわずかなずれをキャッチ」して、「刻々《こっこく》と移ってゆくその音の位置～正確に捉《とら》え」てえものを捕《つか》まえるのに対し、イルカは「クリックス」を発して、その「反射してきた音を聞」く、「エコーロケーション」という能力でエサを見つけている点である。

2 一　【図①】について、松下さんが「これは低学年の子にわかるかな」と問いかけているが、【図①】の「保健室」は全て漢字で書かれているので、読めない子がいると考えられる。また、「保健室」という言葉の意味自体もわからないかもしれない。このことと、【文章①】の(中略)の直後の「伝達の目的を果たすためにはその情報が明確に～理解されることが重要です」、最後の4行の「文字の読めない人～には通用しません。『見ただけでその意味を伝える』、つまり文字ではない図がらの意味が、だれにでも分かることを目的としているのがピクトグラムなのです」をふまえてまとめる。

《解答例》

1　1．(1)空気が冷やされて，水蒸気が水てきになったから。　(2)エ

(3)144　理由…水の深さが30 cmになるまでにかかる時間は，$2\times30=60$(分)である。そこから上の部分と下の部分の水が入るところの底面積の比は，$3.5:(3.5-\frac{50}{100}-\frac{50}{100})=3.5:2.5=7:5$であり，高さが等しいから，容積の比も$7:5$である。よって，上の部分に水を入れるのに$60\times\frac{7}{5}=84$(分)かかるから，かかる時間の合計は，$60+84=144$(分)である。

(4)台ふきん作り…0　ペン立て作り…2　手洗い場のそうじ…5　理由…ここまでの作業時間は$45+(45-30)=60$(分)であり，残りの作業時間は30分である。あきおさんたちが手伝わないとすると，台ふきん作りは$15+15\times\frac{30}{60}=15+7.5=22.5$(クラス分)までできるので，すべての作業が終わり，ペン立て作りは$20+20\times\frac{30}{60}=20+10=30$(人分)までできて，$32-30=2$(人分)足りなくなり，手洗い場のそうじは$4+4\times\frac{30}{60}=4+2=6$(か所)までできて，$8-6=2$(か所)足りなくなる。ペン立て作りは8人で30分行うと10人分できるので，2人分行うには$8\times\frac{2}{10}=1.6$(人)　つまり2人いればよい。手洗い場のそうじは5人で30分行うと2か所できるので，2か所行うにはあと5人いればよい。

2．(1)火が通るのに時間がかかるから。　(2)理由…なべの中の空気が冷えて，体積が小さくなったから。どうしたらふたが開きやすくなるか…なべを火にかけて，なべの中の空気の体積を大きくする。

2　1．平安時代…1，2，5　室町時代…3，4，6　2．昼と夜の気温差，1日のうちで日光が当たっている時間　3．来日が2回目以上の外国人の数が増えているのに，全体に占める割合にほとんど変動がないから。

4．プラン…三井寺でお点前を体験し，鶏足寺の紅葉を楽しむプラン。　理由…「日本の歴史・伝統文化体験」と「四季の体感」をしたと答えた外国人観光客のうち，満足したと答えた人の割合が高いから。

《解　説》

1　1(1)　空気中にふくむことのできる水蒸気の量は温度によって決まっている。温度が低くなると，空気中にふくむことのできる水蒸気の量が少なくなるので，空気中にふくみきれなくなった水蒸気が水てきになって，植物の葉などに付着する。これを露《つゆ》(露が付着することを結露《けつろ》)という。露ができやすいのは，夜間に風がなく，晴れていて放射冷却《れいきゃく》によって温度がよく下がるときである。

(2)　深さ30 cmを境に池を上下に分けて考える。上の部分の底面積の方が下の部分の底面積より大きいので，同じ深さでも上の方が多くの水があり，ぬくのに時間がかかる。したがって，水面が深さ30 cmのところまでくると，そのあとは深さが減っていく速度が速くなる。イのグラフはこれと逆に深さ30 cmのところから速度が遅《おそ》くなっているので，間違《まちが》いである。また，水面が下がる速度が速くなるのは，ちょうど半分の高さまで水面が下がったときなので，エが正しいとわかる。

(3)　(2)の解説と同様に上下に分けて考える。上の部分と下の部分は，「上からの図」の縦の長さも等しく，高さも等しいので，入る水の容積の比は「上からの図」の横の長さの比と等しく，$3.5:(3.5-\frac{50}{100}-\frac{50}{100})=3.5:2.5=7:5$である。これは満水にするのにかかる時間の比でもある。

(4)　あきおさんたちが手伝わない場合に作業が最終的にどこまで進むかを調べれば，どの作業にどれだけの人手

が足りないかを求めることができる。

2(1)　ダイコン，ニンジン，ゴボウ，ジャガイモなどの土の中にできる根菜類は火が通りにくいので，ゆでるときには最初に入れる。　(2)　空気は冷えると体積が小さくなる。ふたが閉まったなべの中でこのような変化が起こると，なべの外の空気がふたを押《お》す力がなべの中の空気に比べて大きくなり，ふたが開かなくなる。したがって，なべを火にかけて，なべの中の空気の温度を高くして体積を大きくすれば，ふたが開きやすくなる。

2　1　カードはそれぞれ，平安時代が１，２，５，室町時代が３，４，６である。平安時代には，唐風の文化を踏まえた，日本の風土や日本人の感情に合った独自の文化(国風文化)が栄える中でかな文字が発明され，その結果，日本人の感情をきめ細やかに表すことができるようになり，紫式部の『源氏物語』などの文学作品が生まれ，『源氏物語絵巻』などの大和絵が描かれた。寝殿造は貴族の住宅に見られた建築様式である。室町時代には，禅宗様を取り入れた書院造，茶の湯などが広まった。水墨画では，雪舟筆の「秋冬山水図」などが有名である。

2　ふゆこさんは，品質のよい茶のさいばい条件について確かめるので，林さんの話にある，茶の品質のよさに関係する２つの要因(昼と夜の気温差，１日のうちで日光が当たっている時間)がわかる資料をさがせばよい。

3　グラフ１で，来日が１回目と２回目以上の外国人の割合がほとんど変動していないことを読み取り，グラフ２で来日が２回目以上の外国人数が増え続けていることに関連付ければ，来日が１回目の外国人数も増え続けていることが導ける。

4　プランは解答例のほか，「信楽焼の文化を学び，比叡山の山道を歩いて森林を味わうプラン。」なども良い。表２より，外国人観光客の満足度は，「買い物・食事，はんか街の街歩き」が 65408÷76331×100＝85.6…(%)，「自然や景色のすぐれている土地の観光」が 15033÷17175×100＝87.5…(%)，「日本の歴史・伝統文化体験」が 5248÷5944×100＝88.2…(%)，「四季の体感(花見・紅葉・雪など)」が 2610÷2955×100＝88.3…(%)，「自然体験ツアー，魚漁村体験」が 1257÷1494×100＝84.1…(%)であり，「日本の歴史・伝統文化体験」と「四季の体感(花見・紅葉・雪など)」が特に高いことが読み取れる。それを踏まえてメモを見れば，「お点前体験」や「信楽焼の文化の体感」などの伝統文化体験や，「鶏足寺の紅葉」や「比叡山の森林」などの四季の体感がプランによいと導ける。

《解答例》

1 一．さつまいもにはでんぷんとアミラーゼ(酵素)がふくまれていて、ゆっくりじんわり加熱して 70℃前後を長い時間たもつと、さつまいもをあまくすることができます。このような加熱ができる調理方法の代表例が石焼きいもです。石焼きいもは、熱がゆっくりと内側に伝わり、中ででんぷんがとう分に変わります。一方で、表面はかなり熱くなるので水分がじょう発し、その分あまみがぎゅっとこくなるのです。

二．資料①／資料②

見出し･･･心強い味方、さつまいも

(例文)

天候が不順で他の作物があまりできないききんのときも、元気に育ちます。また、さつまいもには、体を動かすエネルギーになる成分や、体のちょうしを整える成分がたくさんふくまれているので、食べた人を元気にしてくれるのです。

2 一．クラス代表百人一首大会

私が「クラス代表百人一首大会」をトップ記事に選んだ理由は、二つあります。一つ目は、ゆう勝したからです。確かに、「ドッジボール大会」も、春に比べて順位が上がりましたが、初めてのゆう勝というのはクラスにとって特別なものだと思います。二つ目は、季節感が出るからです。「ドッジボール大会」は春にも行われますが、「クラス代表百人一首大会」は、冬に行われる大会なので、二月号のトップ記事として、ふさわしいと思います。

二．

(例文)

　私が一年間をふり返って、六年生の学校生活で一番思い出に残ったことは、運動会です。応えん練習で下級生をまとめるのは大変でした。しかし本番では、よくまとまった力強い応えんで、選手たちに力をあたえることができました。ゆう勝はできませんでしたが、最高に楽しい運動会でした。

《解　説》

1 一　まず、さつまいもがあまくなる仕組みには、さつまいもにふくまれるでんぷんと、アミラーゼという酵素《こうそ》が関係していることをおさえる。その上で、この酵素が活発に働くのが 70℃くらいであること、石焼きいもは、この温度を長く保てる調理法であることを落とさずにまとめる。

2 一　ドッジボール大会を選んだ場合、クラスの代表しか出られない百人一首大会とちがい、クラスの全員が参加し、練習をするうちにクラスが団結し、一つになっていったことや、百人一首大会が「ゆう勝」という結果を重視しているのに対し、大会そのものを楽しんでいること、などが理由として考えられる。

★滋賀県立中学校

2018 平成30年度 適性検査

《解答例》

1 1．5

2．雲画像…A

説明…雲は西から東へ移動する。雲画像Aでは，滋賀県の西側に雲がほとんどないので，明日は晴れると予想した。

3．水はこおると体積が大きくなるので，容器のままでこおらせると容器が破れつすることがあるから。

4．8

説明…校舎とさとしさんのかげの長さの比は，校舎の高さとさとしさんの身長の比と同じである。校舎とさとしさんのかげの長さの比は，24：3＝8：1なので，校舎の高さは $1.5\times\frac{8}{1}=12$(m)とわかる。したがって，垂れ幕の長さは，$12\times\frac{2}{3}=8$ (m)である。

5．前列…6　後列…8

説明…24秒で同時に体を動かしているので，前列の人，後列の人が体を起こす間かくの最小公倍数は24である。24の約数は，1，2，3，4，6，8，12，24で，前列の人と後列の人が同じ動きをするのにかかる時間の差が2秒だから，2つの数の組み合わせは，(1，3)，(2，4)，(4，6)，(6，8)が見つかる。このうち最小公倍数が24となるのは，(6，8)だから，前列の人が6秒ごと，後列の人が8秒ごとである。

2 1．水をたくわえるはたらき／水をきれいにするはたらき

2．(1)森林から多くの養分がびわ湖に流れこむことでアオミドロが成長し，それを食べるミジンコ，ミジンコを食べるコアユが成長していくのだから，森林がびわ湖の生物の生命を育んでいるといえる。　(2)イ，ウ

(3)土壌が豊かなこと／夏の日照時間が長いこと／広い平野があること　などから2つ

3．森林を守るためには，計画的に植林をし，間ばつすることが必要です。植林をするためには，土地が必要です。新しく林野をつくることはできないのですから，植えてから50年以上経過した木を木材として出荷すれば，新しく植林ができます。つまり，国産材をもっと使うようにすることが必要だと考えました。

《解　説》

1 1　㋐の部分の直角二等辺三角形の直角をはさむ辺の長さは，旗の横の長さの$\frac{1}{3}$なので，$1.5\times\frac{1}{3}=0.5$(m)である。よって，㋐の面積は$0.5\times0.5\div2=0.125$(㎡)である。㋑と㋒の面積の和は，旗のたての長さを高さとするとき，高さが同じなので，(㋑と㋒の底辺の長さの和)×(高さ)÷2で求められる。㋑と㋒の底辺の長さの和は$1.5-0.2=1.3$(m)なので，㋑と㋒の面積の和は，$1.3\times0.9\div2=0.585$(㎡)である。よって，必要な絵の具の本数は，$0.585\div0.125=4.68$より，5本とわかる。

2　ふつう雨が降っているところでは，上空に雲がある。したがって，雲画像で雲がかかっているところでは雨が降っている可能性があり，逆に雲がかかっていないところでは晴れている可能性が高い。雲は風によって運ばれていて，日本上空では偏西風《へんせいふう》という風が西から東に向かってふいている。このため，雲も西から東へ移動するので，日本では天気が西から東へ変化しやすくなっている。

3　ものはふつう，温度が低くなって気体→液体→固体のように変化するとき体積が小さくなるが，水は例外で，液体から固体に変化するとき体積が大きくなる。

2　1　水の流れ方や流れ出た水の量から，森林には水をたくわえるはたらきがあると考えられる。また，流れ出た水のよごれ方から，森林には水をきれいにするはたらきがあると考えられる。

2(1)　資料２から，河口付近の水にはアオミドロが成長する養分がふくまれていることがわかる。資料３から，びわ湖の生態系のもととなる生産者(動物が必要な養分を作り出す植物)の１つがアオミドロであることがわかる。以上のことをまとめればよい。　(2)　アについて，グラフ２より，滋賀県の産出額 587 億円は，全国の米の産出額 88633 億円の，587÷88633×100＝0.66…(%)にしかすぎないから，アは誤り。イについて，グラフ１の水源別の農地面積の割合から，川とびわ湖両方の水を使っている農地は，52600×0.14＝7364(ha)になるから，イは正しい。ウについて，グラフ１の種類別の円グラフより，田の面積は畑の面積の 92÷６＝15.3…(倍)とわかる。グラフ２の滋賀県のグラフより，米の産出額は野菜の産出額の 54.4÷16.5＝3.2…(倍)とわかる。つまり，田の面積は畑の面積の 15 倍以上なのに，産出額は３倍ほどしかないのだから，１ha あたりの農業産出額は田より畑の方が高いといえる。よって，ウは正しい。エについて，グラフ１の種類別の円グラフより，滋賀県の田の面積は 52600×0.92＝48392(ha)だから，エは誤り。　(3)　米作りがさかんな地域は，北海道南部・東北地方・北陸地方だから，日本海側の地域が多い。そこで日本海側の夏の気候の特徴である「夏の日照時間が長いこと」をあげた。水をひくことが容易であるためには「広い平野があること」が必要であり，稲がすくすくと育つためには「土地が肥えていること」が必要であると考えた。共通する自然条件とあるので，「１日の寒暖差が大きいこと」や「冬に雪が積もる」などでもよい。

3　グラフ３と夏男さんの発言から，新しい森林ほど面積が小さい，つまり植林が計画的に行われていないことがわかる。グラフ３から木材として使える，植えてから46年以上経過した森林が多く残っていることがわかる。
人工林を守っていくためには，植える→育てる→木材にする，のサイクルを正しく行うことが必要なことから，もっと国産の木材を使っていくことが必要と考えた。

■ ご使用にあたってのお願い・ご注意

（１）問題文等の非掲載

著作権上の都合により，問題文や図表などの一部を掲載できない場合があります。

誠に申し訳ございませんが，ご了承くださいますようお願いいたします。

（２）過去問における時事性

過去問題集は，学習指導要領の改訂や社会状況の変化，新たな発見などにより，現在とは異なる表記や解説になっている場合があります。過去問の特性上，出題当時のままで出版していますので，あらかじめご了承ください。

（３）配点

学校等から配点が公表されている場合は，記載しています。公表されていない場合は，記載していません。

独自の予想配点は，出題者の意図と異なる場合があり，お客様が学習するうえで誤った判断をしてしまう恐れがあるため記載していません。

（４）無断複製等の禁止

購入された個人のお客様が，ご家庭でご自身またはご家族の学習のためにコピーをすることは可能ですが，それ以外の目的でコピー，スキャン，転載（ブログ，ＳＮＳなどでの公開を含みます）などをすることは法律により禁止されています。学校や学習塾などで，児童生徒のためにコピーをして使用することも法律により禁止されています。

ご不明な点や，違法な疑いのある行為を確認された場合は，弊社までご連絡ください。

（５）けがに注意

この問題集は針を外して使用します。針を外すときは，けがをしないように注意してください。また，表紙カバーや問題用紙の端で手指を傷つけないように十分注意してください。

（６）正誤

制作には万全を期しておりますが，万が一誤りなどがございましたら，弊社までご連絡ください。

なお，誤りが判明した場合は，弊社ウェブサイトの「ご購入者様のページ」に掲載しておりますので，そちらもご確認ください。

■ お問い合わせ

解答例，解説，印刷，製本など，問題集発行におけるすべての責任は弊社にあります。

ご不明な点がございましたら，弊社ウェブサイトの「お問い合わせ」フォームよりご連絡ください。迅速に対応いたしますが，営業日の都合で回答に数日を要する場合があります。

ご入力いただいたメールアドレス宛に自動返信メールをお送りしています。自動返信メールが届かない場合は，「よくある質問」の「メールの問い合わせに対し返信がありません。」の項目をご確認ください。

また弊社営業日（平日）は，午前９時から午後５時まで，電話でのお問い合わせも受け付けています。

2025春

株式会社教英出版
〒422-8054　静岡県静岡市駿河区南安倍３丁目 12-28
TEL　054-288-2131　　FAX　054-288-2133
URL　https://kyoei-syuppan.net/
MAIL　siteform@kyoei-syuppan.net

神奈川県

①［県立］相模原中等教育学校
　　　　平塚中等教育学校
②［市立］南高等学校附属中学校
③［市立］横浜サイエンスフロンティア高等学校附属中学校
④［市立］川崎高等学校附属中学校
✿⑤聖光学院中学校
✿⑥浅野中学校
⑦洗足学園中学校
⑧法政大学第二中学校
⑨逗子開成中学校（1次）
⑩逗子開成中学校（2・3次）
⑪神奈川大学附属中学校（第1回）
⑫神奈川大学附属中学校（第2・3回）
⑬栄光学園中学校
⑭フェリス女学院中学校

新潟県

①［県立］村上中等教育学校
　　　　柏崎翔洋中等教育学校
　　　　燕中等教育学校
　　　　津南中等教育学校
　　　　直江津中等教育学校
　　　　佐渡中等教育学校
②［市立］高志中等教育学校
③新潟第一中学校
④新潟明訓中学校

石川県

①［県立］金沢錦丘中学校
②星稜中学校

福井県

①［県立］高志中学校

山梨県

①山梨英和中学校
②山梨学院中学校
③駿台甲府中学校

長野県

①［県立］屋代高等学校附属中学校
　　　　諏訪清陵高等学校附属中学校
②［市立］長野中学校

岐阜県

①岐阜東中学校
②鶯谷中学校
③岐阜聖徳学園大学附属中学校

静岡県

①［国立］静岡大学教育学部附属中学校（静岡・島田・浜松）
②［県立］清水南高等学校中等部
　［県立］浜松西高等学校中等部
　［市立］沼津高等学校中等部
③不二聖心女子学院中学校
④日本大学三島中学校
⑤加藤学園暁秀中学校
⑥星陵中学校
⑦東海大学付属静岡翔洋高等学校中等部
⑧静岡サレジオ中学校
⑨静岡英和女学院中学校
⑩静岡雙葉中学校
⑪静岡聖光学院中学校
⑫静岡学園中学校
⑬静岡大成中学校
⑭城南静岡中学校
⑮静岡北中学校
⑯常葉大学附属常葉中学校
　常葉大学附属橘中学校
　常葉大学附属菊川中学校
⑰藤枝明誠中学校
⑱浜松開誠館中学校
⑲静岡県西遠女子学園中学校
⑳浜松日体中学校
㉑浜松学芸中学校

愛知県

①［国立］愛知教育大学附属名古屋中学校
②愛知淑徳中学校
③名古屋経済大学市邨中学校
　名古屋経済大学高蔵中学校
④金城学院中学校
⑤椙山女学園中学校
⑥東海中学校
⑦南山中学校男子部
⑧南山中学校女子部
⑨聖霊中学校
⑩滝中学校
⑪名古屋中学校
⑫大成中学校
⑬愛知中学校
⑭星城中学校
⑮名古屋葵大学中学校
（名古屋女子大学中学校）
⑯愛知工業大学名電中学校
⑰海陽中等教育学校（特別給費生）
⑱海陽中等教育学校（I・II）
⑲中部大学春日丘中学校
新刊⑳名古屋国際中学校

三重県

①［国立］三重大学教育学部附属中学校
②暁中学校
③海星中学校
④四日市メリノール学院中学校
⑤高田中学校
⑥セントヨゼフ女子学園中学校
⑦三重中学校
⑧皇學館中学校
⑨鈴鹿中等教育学校
⑩津田学園中学校

滋賀県

①［国立］滋賀大学教育学部附属中学校
②［県立］河瀬中学校
　　　　守山中学校
　　　　水口東中学校

京都府

①［国立］京都教育大学附属桃山中学校
②［府立］洛北高等学校附属中学校
③［府立］園部高等学校附属中学校
④［府立］福知山高等学校附属中学校
⑤［府立］南陽高等学校附属中学校
⑥［市立］西京高等学校附属中学校
⑦同志社中学校
⑧洛星中学校
⑨洛南高等学校附属中学校
⑩立命館中学校
⑪同志社国際中学校
⑫同志社女子中学校（前期日程）
⑬同志社女子中学校（後期日程）

大阪府

①［国立］大阪教育大学附属天王寺中学校
②［国立］大阪教育大学附属平野中学校
③［国立］大阪教育大学附属池田中学校

④[府立]富田林中学校
⑤[府立]咲くやこの花中学校
⑥[府立]水都国際中学校
⑦清風中学校
⑧高槻中学校（A日程）
⑨高槻中学校（B日程）
⑩明星中学校
⑪大阪女学院中学校
⑫大谷中学校
⑬四天王寺中学校
⑭帝塚山学院中学校
⑮大阪国際中学校
⑯大阪桐蔭中学校
⑰開明中学校
⑱関西大学第一中学校
⑲近畿大学附属中学校
⑳金蘭千里中学校
㉑金光八尾中学校
㉒清風南海中学校
㉓帝塚山学院泉ヶ丘中学校
㉔同志社香里中学校
㉕初芝立命館中学校
㉖関西大学中等部
㉗大阪星光学院中学校

兵庫県

①[国立]神戸大学附属中等教育学校
②[県立]兵庫県立大学附属中学校
③雲雀丘学園中学校
④関西学院中学部
⑤神戸女学院中学部
⑥甲陽学院中学校
⑦甲南中学校
⑧甲南女子中学校
⑨灘中学校
⑩親和中学校
⑪神戸海星女子学院中学校
⑫滝川中学校
⑬啓明学院中学校
⑭三田学園中学校
⑮淳心学院中学校
⑯仁川学院中学校
⑰六甲学院中学校
⑱須磨学園中学校(第1回入試)
⑲須磨学園中学校(第2回入試)
⑳須磨学園中学校(第3回入試)
㉑白陵中学校
㉒夙川中学校

奈良県

①[国立]奈良女子大学附属中等教育学校
②[国立]奈良教育大学附属中学校
③[県立]
- 国際中学校
- 青翔中学校

④[市立]一条高等学校附属中学校
⑤帝塚山中学校
⑥東大寺学園中学校
⑦奈良学園中学校
⑧西大和学園中学校

和歌山県

①[県立]
- 古佐田丘中学校
- 向陽中学校
- 桐蔭中学校
- 日高高等学校附属中学校
- 田辺中学校

②智辯学園和歌山中学校
③近畿大学附属和歌山中学校
④開智中学校

岡山県

①[県立]岡山操山中学校
②[県立]倉敷天城中学校
③[県立]岡山大安寺中等教育学校
④[県立]津山中学校
⑤岡山中学校
⑥清心中学校
⑦岡山白陵中学校
⑧金光学園中学校
⑨就実中学校
⑩岡山理科大学附属中学校
⑪山陽学園中学校

広島県

①[国立]広島大学附属中学校
②[国立]広島大学附属福山中学校
③[県立]広島中学校
④[県立]三次中学校
⑤[県立]広島叡智学園中学校
⑥[市立]広島中等教育学校
⑦[市立]福山中学校
⑧広島学院中学校
⑨広島女学院中学校
⑩修道中学校
⑪崇徳中学校
⑫比治山女子中学校
⑬福山暁の星女子中学校
⑭安田女子中学校
⑮広島なぎさ中学校
⑯広島城北中学校
⑰近畿大学附属広島中学校福山校
⑱盈進中学校
⑲如水館中学校
⑳ノートルダム清心中学校
㉑銀河学院中学校
㉒近畿大学附属広島中学校東広島校
㉓AICJ中学校
㉔広島国際学院中学校
㉕広島修道大学ひろしま協創中学校

山口県

①[県立]
- 下関中等教育学校
- 高森みどり中学校

②野田学園中学校

徳島県

①[県立]
- 富岡東中学校
- 川島中学校
- 城ノ内中等教育学校

②徳島文理中学校

香川県

①大手前丸亀中学校
②香川誠陵中学校

愛媛県

①[県立]
- 今治東中等教育学校
- 松山西中等教育学校

②愛光中学校
③済美平成中等教育学校
④新田青雲中等教育学校

高知県

①[県立]
- 安芸中学校
- 高知国際中学校
- 中村中学校

福岡県

- ①［国立］福岡教育大学附属中学校（福岡・小倉・久留米）
- ②［県立］
  - 育徳館中学校
  - 門司学園中学校
  - 宗像中学校
  - 嘉穂高等学校附属中学校
  - 輝翔館中等教育学校
- ③西南学院中学校
- ④上智福岡中学校
- ⑤福岡女学院中学校
- ⑥福岡雙葉中学校
- ⑦照曜館中学校
- ⑧筑紫女学園中学校
- ⑨敬愛中学校
- ⑩久留米大学附設中学校
- ⑪飯塚日新館中学校
- ⑫明治学園中学校
- ⑬小倉日新館中学校
- ⑭久留米信愛中学校
- ⑮中村学園女子中学校
- ⑯福岡大学附属大濠中学校
- ⑰筑陽学園中学校
- ⑱九州国際大学付属中学校
- ⑲博多女子中学校
- ⑳東福岡自彊館中学校
- ㉑八女学院中学校

佐賀県

- ①［県立］
  - 香楠中学校
  - 致遠館中学校
  - 唐津東中学校
  - 武雄青陵中学校
- ②弘学館中学校
- ③東明館中学校
- ④佐賀清和中学校
- ⑤成穎中学校
- ⑥早稲田佐賀中学校

長崎県

- ①［県立］
  - 長崎東中学校
  - 佐世保北中学校
  - 諫早高等学校附属中学校
- ②青雲中学校
- ③長崎南山中学校
- ④長崎日本大学中学校
- ⑤海星中学校

熊本県

- ①［県立］
  - 玉名高等学校附属中学校
  - 宇土中学校
  - 八代中学校
- ②真和中学校
- ③九州学院中学校
- ④ルーテル学院中学校
- ⑤熊本信愛女学院中学校
- ⑥熊本マリスト学園中学校
- ⑦熊本学園大学付属中学校

大分県

- ①［県立］大分豊府中学校
- ②岩田中学校

宮崎県

- ①［県立］五ヶ瀬中等教育学校
- ②［県立］
  - 宮崎西高等学校附属中学校
  - 都城泉ヶ丘高等学校附属中学校
- ③宮崎日本大学中学校
- ④日向学院中学校
- ⑤宮崎第一中学校

鹿児島県

- ①［県立］楠隼中学校
- ②［市立］鹿児島玉龍中学校
- ③鹿児島修学館中学校
- ④ラ・サール中学校
- ⑤志學館中等部

沖縄県

- ①［県立］
  - 与勝緑が丘中学校
  - 開邦中学校
  - 球陽中学校
  - 名護高等学校附属桜中学校

もっと過去問シリーズ

北海道

北嶺中学校
7年分（算数・理科・社会）

静岡県

静岡大学教育学部附属中学校
（静岡・島田・浜松）
10年分（算数）

愛知県

愛知淑徳中学校
7年分（算数・理科・社会）
東海中学校
7年分（算数・理科・社会）
南山中学校男子部
7年分（算数・理科・社会）
南山中学校女子部
7年分（算数・理科・社会）
滝中学校
7年分（算数・理科・社会）
名古屋中学校
7年分（算数・理科・社会）

岡山県

岡山白陵中学校
7年分（算数・理科）

広島県

広島大学附属中学校
7年分（算数・理科・社会）
広島大学附属福山中学校
7年分（算数・理科・社会）
広島学院中学校
7年分（算数・理科・社会）
広島女学院中学校
7年分（算数・理科・社会）
修道中学校
7年分（算数・理科・社会）
ノートルダム清心中学校
7年分（算数・理科・社会）

愛媛県

愛光中学校
7年分（算数・理科・社会）

福岡県

福岡教育大学附属中学校
（福岡・小倉・久留米）
7年分（算数・理科・社会）
西南学院中学校
7年分（算数・理科・社会）
久留米大学附設中学校
7年分（算数・理科・社会）
福岡大学附属大濠中学校
7年分（算数・理科・社会）

佐賀県

早稲田佐賀中学校
7年分（算数・理科・社会）

長崎県

青雲中学校
7年分（算数・理科・社会）

鹿児島県

ラ・サール中学校
7年分（算数・理科・社会）

※もっと過去問シリーズは
国語の収録はありません。

教英出版
〒422-8054
静岡県静岡市駿河区南安倍3丁目12－28
TEL 054-288-2131
FAX 054-288-2133
詳しくは教英出版で検索
教英出版　検索
URL https://kyoei-syuppan.net/

令和６年度　滋賀県立中学校　入学者選抜

適性検査　解答用紙

受検番号	

（配点非公表）

※の中には何も記入しないこと。

1

※

1	(1)	m^2
	(2)	cm
	(3)	株以上　株未満
2	(1)	
	(2)	
3	(1)	cm　まい
	(2)	（説明） （答え）　m
4	手順①	表１より，
	手順②	表２より，

2

※

1	(1)	
	(2)	
2	(1)	
	(2)	
3	(1)	滋賀県→　→東京都
	(2)	
	(3)	

※

受検番号

令和六年度　滋賀県立中学校　入学者選抜

作文　解答用紙

（配点非公表）

※の中には何も記入しないこと。

1

一

※

二

140字　120字

2

一

※

二

目標の番号（　　）

みんなで、びわ湖のプラスチックごみを減らしましょう。

140字　120字

※

受検番号	

【２枚目】

2

日本や滋賀県の人口についての課題と課題解決に向けた取り組みについて調べます。

1　グラフ１は滋賀県および日本全体の2000年から2020年の５年ごとの０～14才の人口，15～64才の人口，65才以上の人口割合《わりあい》の推移《すいい》を表しています。

グラフ１　年齢《ねんれい》別３区分の人口割合の推移

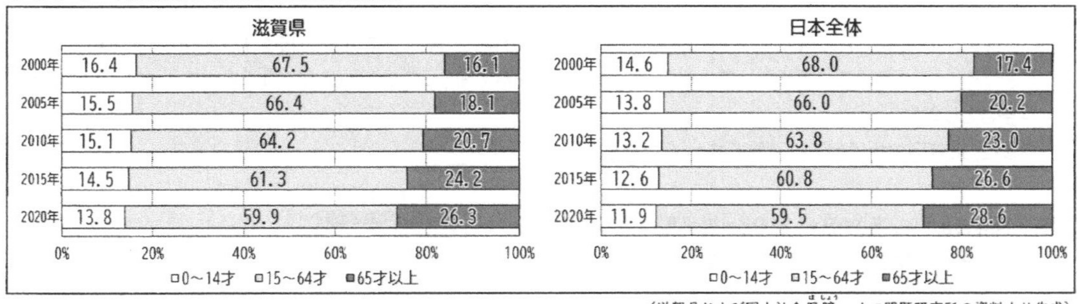

（滋賀県および国立社会保障《ほしょう》・人口問題研究所の資料より作成）

(1)　グラフ１から正しいかどうか判断できることを，次のアからエまでの中から１つ選んで，記号で答えましょう。

ア　2000年と2020年を比べると，滋賀県は日本の中で最も高齢《こうれい》化がゆるやかである。
イ　2000年から2020年の中で，2000年が日本全体の人口も滋賀県の人口も一番多い。
ウ　2000年から2020年にかけて，日本全体も滋賀県も64才以下の人口は減っている。
エ　2000年から2020年のいずれの年も滋賀県は日本全体より０～14才の人口割合が高い。

(2)　日本では工場などで活躍《かつやく》するロボットの開発が進められています。
　日本全体の人口は今後減少すると予想されている中，このような開発が進められる理由として考えられる日本の課題をグラフ２を使って説明しましょう。

グラフ２　年齢別３区分の人口割合の推移予測

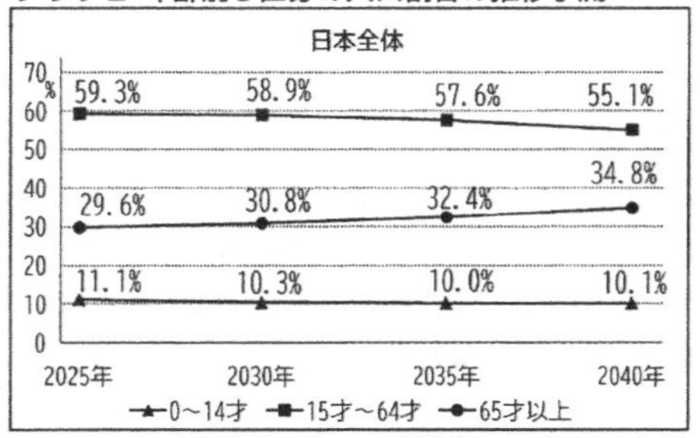

（国立社会保障・人口問題研究所の資料より作成）

2　グラフ３とグラフ４から2020年は1975年に比べ，１世帯あたりの人数が減っていることがわかります。

（注）世帯：同じ家に住み，生活をともにしている人の集まり。

(1)　＿＿線部について，言葉や数，式などを使って説明しましょう。
　ただし，人口，世帯数，人数については四捨五入《ししゃごにゅう》し，上から２けたのがい数にしてから説明しましょう。

グラフ３ 滋賀県の人口

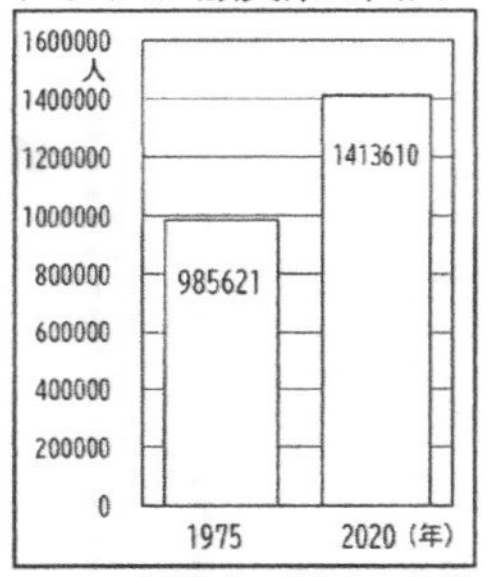

（滋賀県の資料より作成）

グラフ４ 滋賀県の世帯数

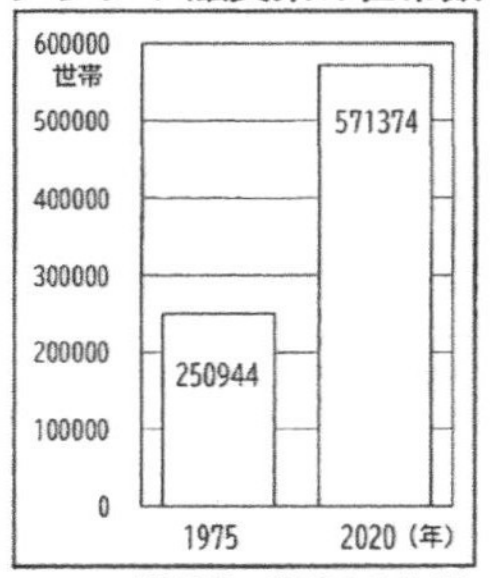

（滋賀県の資料より作成）

(2)　滋賀県では，65才以上のひとりぐらしや夫婦《ふうふ》だけの世帯が増えることなどにより，今後も１世帯あたりの人数が減っていくことが予想されます。災害などが起こったときには，地域《ちいき》の人々が協力し合い地域を守るとともに，県や市町，消防などによる救助や援助《えんじょ》も必要になります。
　このような県や市町，消防などによる助けを何といいますか。漢字２文字で答えましょう。

3　滋賀県の魅力《みりょく》とその発信について考えました。

(1)　滋賀県の魅力について調べると，江戸《えど》時代に街道《かいどう》が整備されて人や物などが行き来するなど，昔から交通が便利な地域であることがわかりました。
　地図は，街道の１つである中山道《なかせんどう》を表しています。
　中山道を通って滋賀県から東京都まで行くとき，途中《とちゅう》で通る県を，次のアからクまでの中からすべて選び，通る順を記号で答えましょう。

地図

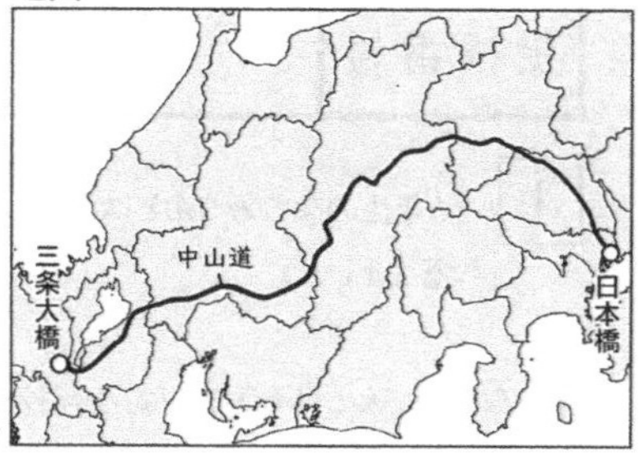

ア　栃木県　　イ　群馬県　　ウ　埼玉県　　エ　山梨県
オ　愛知県　　カ　岐阜県　　キ　静岡県　　ク　長野県

(2)　滋賀県の魅力について500人の小学生にアンケートをとったところ，全員正しく答えました。

アンケート

> 滋賀県について次の質問に答えてください。
>
> 質問１．あなたは，これからも滋賀県に住みたいと思いますか。次の①から③の中からあてはまるものを［A］選んでください。
>
> ① 思う　② 思わない　③ わからない
>
> 質問２．質問１で①を選んだ人に質問します。あなたが滋賀県の魅力と思うものを，次の①から④の中からあてはまるものを［B］選んでください。
>
> ① びわ湖や山で遊べる　② 空気がきれいである　③ 歴史的に有名な建物がある　④ お祭りなどの行事がある

　アンケートの質問１，２のA，Bにあてはまる言葉の組み合わせとして適切なものを，グラフ５と表を参考にして，次のアからケまでの中から１つ選んで記号で答えましょう。

ア　A－１つ　B－２つ
イ　A－１つ　B－３つ以内で
ウ　A－１つ　B－すべて
エ　A－２つ　B－２つ
オ　A－２つ　B－３つ以内で
カ　A－２つ　B－すべて
キ　A－３つ　B－２つ
ク　A－３つ　B－３つ以内で
ケ　A－３つ　B－すべて

グラフ５　質問１の結果

表　質問２の結果

① びわ湖や山で遊べる	301人
② 空気がきれいである	215人
③ 歴史的に有名な建物がある	204人
④ お祭りなどの行事がある	280人

(3)　東京の日本橋には，滋賀県の情報を発信する「ここ滋賀」というお店があることを知りました。「ここ滋賀」では，滋賀県の特産品を売ったり，滋賀県への観光や移住の相談に乗ったりするなど，滋賀県の魅力を発信し，滋賀県におとずれる人や移住する人を増やそうとしています。
　また，「ここ滋賀」は，特産品の生産者にとって大切な場所であることもわかりました。どのような点で大切なのでしょうか。次の資料から考えられることを説明しましょう。

写真　東京の「ここ滋賀」

資料　「ここ滋賀」で働くＳさんのお話

> 　近江米《おうみ》，近江牛，信楽《しがらき》焼など東京のお客様に知っていただきたい滋賀県の魅力がたくさんあります。「ここ滋賀」では，滋賀県の生産者の方にもできるだけ東京に来ていただき，店頭に立って，お客様に特産品の魅力を伝えていただくようにしています。
> 　そうした中で，滋賀県の特産品の１つである「赤こんにゃく」の生産者は，「赤こんにゃくは，辛《から》いんですか？」とお客様に聞かれることがしばしばあったそうです。そこで，お客様の声をヒントにして「赤こんにゃく」に，滋賀県の伝統野菜の「弥平《やへい》とうがらし」を加えた辛い赤こんにゃくを開発し，「ここ滋賀」で販売《はんばい》したところ，このこんにゃくも大人気になりました。今では滋賀県でも「ピリ辛赤こんにゃく」として販売されています。

令和６年度　滋賀県立中学校　入学者選抜　適性検査　問題用紙

受検番号	

(40分)　【１枚目】

1　6年生のなつみさんとはるきさんが，学校生活で学んだことをもとに考えたさまざまなことについて，あとの問いに答えましょう。

1　なつみさんとはるきさんは，小学校の環境《かんきょう》委員会の活動で，花を植えることにしました。

(1)　学校には前庭の $\frac{2}{9}$ の面積のしばふ広場があり，このしばふ広場の $\frac{1}{10}$ の面積が花だんです。学校の前庭の面積が495m^2 であるとき，花だんの面積は何 m^2 になりますか。答えましょう。

(2)　図1のような，直径が10cm，高さ25cmの円柱の形をしたブロックを使って，たてに15個，横に20個まっすぐにならべて，花だんの中にパンジーを植える場所を作ります。

その周りを図2のようにロープで囲んだとき，パンジーを植える場所１周分のロープの長さは何cmですか。答えましょう。ただし，円周率は3.14とし，ロープの太さや結び目は考えないものとします。

図1　ブロック

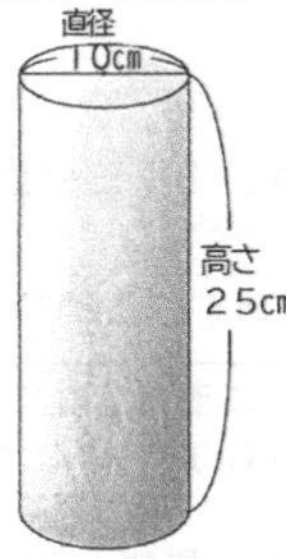

図2　パンジーを植える場所を真上から見た様子

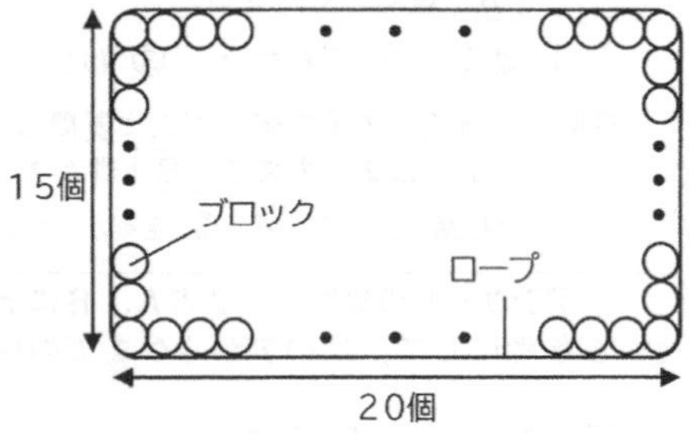

(3)　環境委員会で，パンジーのなえを買いに行こうと思います。なつみさんたちは，お店で使えるア，イの2種類の割引券《わりびきけん》を持っています。1株《かぶ》100円のパンジーのなえを何株か購入《こうにゅう》するとき，アの割引券を使う方が，イの割引券を使うより安く購入できるのは何株以上，何株未満のときですか。答えましょう。ただし，消費税は考えないものとします。

ア

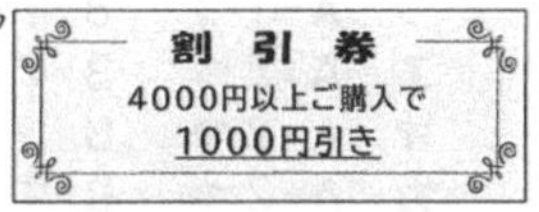

イ

2　はるきさんは，大雨がふった後に水の量が増えた川は土地をどう変化させるのか疑問《ぎもん》に思い，次の実験を行いました。

実験

① 図3のように，バットに土をしいて，川のように曲がっているところがあるみぞをつくる。

② みぞの曲がっているところの外側と内側に３本ずつぼうを立てる。

③ 同じそうちを２つ準備し，それぞれバットをかたむけて，ペットボトルから水を流す。

④ １つは流す水の量を少なくし，もう１つは流す水の量を多くし，ぼうの様子，みぞの下流の様子を調べる。

図3　実験のそうち

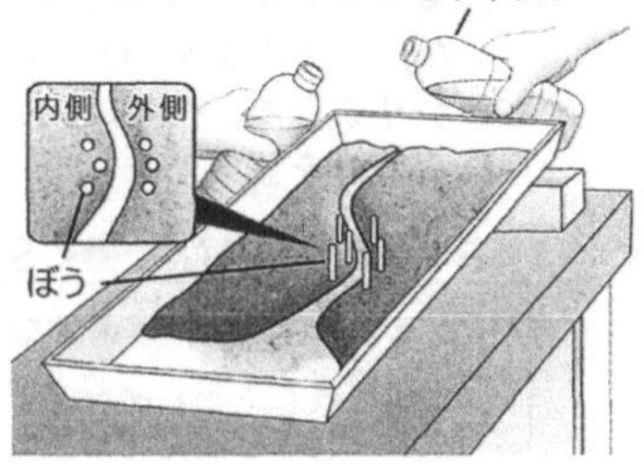

結果

流す水の量	たおれたぼうの数		みぞの下流の様子
	外側	内側	
少ない （１本のペットボトルの水を流す）	２本	０本	土が積もった
多い （２本のペットボトルの水を同時に流す）	３本	２本	水の量の少ない場合よりも土が多く積もった

(1)　はるきさんは，最初に２つのバットのかたむきをそろえずに実験をしました。しかし，この方法では，結果を正しく比較《ひかく》できないことが分かりました。正しく比較できない理由を答えましょう。

(2)　はるきさんは，実験の結果から，大雨がふって川の水の量が増えると，しん食と運ぱん（たい積）のはたらきが大きくなると考えました。そのように考えた理由を実験の結果を用いて説明しましょう。

3　なつみさんたちの学年では，卒業制作で大型パネルを作ることにしました。

(1)　たて210cm，横270cm の長方形の大型パネルのわくの中に，合同な正方形の板をすき間なくしきつめます。しきつめることのできる一番大きい正方形の１辺の長さは何cmですか。答えましょう。ただし，正方形の板の１辺の長さは整数とします。

また，正方形の板は何まい必要ですか。答えましょう。

(2)　図4のように，高さABが 210cmの大型パネルを校舎のかべと平行になるように立てると，大型パネルのかげの長さBCが2mのとき，校舎のかげの長さ EFは10mでした。

かげの長さから，校舎の高さ DE を求める方法を説明しましょう。

また，校舎の高さ DE は何ｍですか。答えましょう。

図4

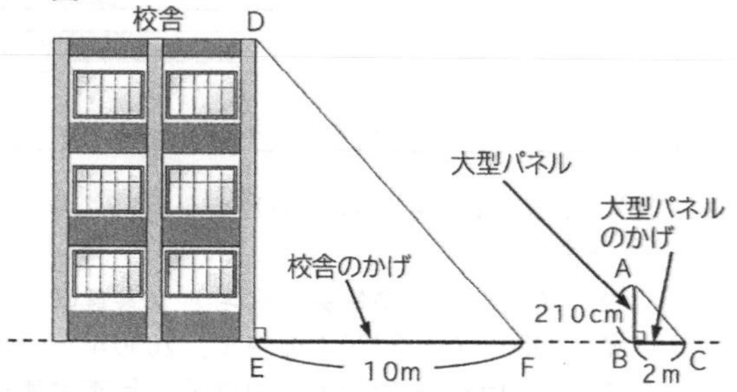

4　なつみさんたちは，もののとけ方について調べるために，食塩とミョウバンを用いて実験をしようと考えました。

実験のため，図5のように，60℃の水50mLが入ったビーカーを３つ用意し，１つには食塩7はいを，もう１つにはミョウバン7はいを計量スプーンではかり取って，それぞれとかしました。

食塩とミョウバンをとかした後で，60℃の水のみ入ったビーカーを横にならべたところ，3つのビーカーの区別がつかなくなりました。

そこで，教科書にある資料の表1と表2を参考にして，水とそれぞれの水よう液を区別する手順をノートにまとめました。

図5　水にものをとかす様子

ノートの手順①と手順②を考えた理由をそれぞれ説明しましょう。ただし，教科書にある資料の表1と表2を用いて，解答用紙の書き出しの言葉に続けて書きましょう。

教科書

資料　もののとけ方

表1　水の量とものがとける量（水の温度は60℃）

水の量	25mL	50mL	100mL
食塩	3.5はい	7はい	14はい
ミョウバン	8はい	16はい	32はい

表2　水の温度とものがとける量（水は50mL）

水の温度	10℃	30℃	60℃
食塩	7はい	7はい	7はい
ミョウバン	2はい	4はい	16はい

ノート

■実験の目的　「水よう液を区別する」

手順①

3つのビーカーから水と２つの水よう液を区別する

・3つのビーカーに入った液をそれぞれ少しとって熱し，水をじょう発させていく。

→ 食塩またはミョウバンがとけた水よう液からはつぶが出てくる。

手順②

食塩の水よう液とミョウバンの水よう液を区別する

・それぞれのビーカーを冷やす。

→ ミョウバンがとけた水よう液からはつぶが出てくる。

2

中村さんのクラスでは、びわ湖のごみについて調べる学習をしました。その中で、滋賀県には「マザーレイクゴールズ（ＭＬＧｓ）」という目標があることを知り、その目標を使ってプラスチックごみを減らす取り組みをよびかけることにしました。【文章】と【資料】、【中村さんのノート】をよく読んで、あとの問いに答えましょう。

【２枚目】

受検番号

【文章】

　プラスチックごみは、紙などのほかのごみとは分けて回収《かいしゅう》し、リサイクルすることがすすめられています。では、このリサイクルは、何のためにするのでしょうか。

　まずひとつは、ごみを減らすためです。プラスチックにかぎらず、わたしたちが生活すれば、ごみが出ます。燃やせばごみは小さくなりますが、それでも燃えかすは、どこかにうめなければなりません。プラスチックの場合は、きちんと回収できなかった場合がとくに問題です。川に入り海に流れていけば、世界の海を汚《よご》しつづけることになります。

　プラスチックごみをリサイクルすれば、そのごみは「ごみ」ではなくて、なにかほかのことに役立つ原料になります。そのぶんだけ、原料を節約できることにもなります。こうして「ごみ」を減らすのが、リサイクルの目的のひとつです。

　もうひとつの目的は、地球の資源《しげん》をむだ使いしないことです。いまプラスチックは、石油や天然ガスを原料にして作られています。この石油や天然ガスのもとになっているのは、何億年もまえに地球でくらしていた生き物たちです。かれらが地中にうまり、長い年月をかけて石油や天然ガスに変化します。

　わたしたちは、ここ100年ほどのあいだに、石油を多量に使うようになりました。家庭や工場で燃やして熱をとったり、発電用の燃料、自動車のガソリンなどに使われたりしています。長い年月をかけてできた石油を100年ほどで多量に使えば、石油ができるスピードが使うスピードにまったく追いつかず、やがては不足してくるおそれもあります。プラスチック製品を作るときにプラスチックごみを再利用すれば、そのぶんだけ新たに石油を使う必要がなくなり、石油を節約できるわけです。

（保坂《ほさか》 直紀《なおき》『クジラのおなかからプラスチック』による。）

【資料】

○持続可能な社会の実現に向けての取り組み

～ ３種類のプラスチックリサイクルの方法と特ちょう、その割合《わりあい》 ～

●サーマルリサイクル

特ちょう：プラスチックごみを燃やしたときの熱をエネルギーとして利用できるが、燃やすときに二酸化炭素が発生する

●マテリアルリサイクル

特ちょう：プラスチックごみをとかして、ふたたび新しいプラスチックに作り直すことができるが、汚れていたり他のごみが混じっていると使えない

●ケミカルリサイクル

特ちょう：プラスチックごみを、化学工業や製鉄の原料として使うことができるが、費用が高かったり、リサイクルに多くのエネルギーが必要なこともある

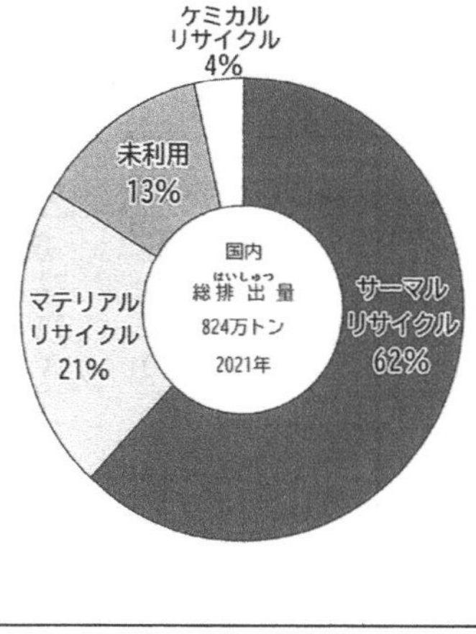

（一般《いっぱん》社団法人プラスチック循環《じゅんかん》利用協会『プラスチックリサイクルの基礎《きそ》知識2023』より作成。）

【中村さんのノート】

びわ湖におけるごみについて

●びわ湖の湖底ごみの割合（体積%）

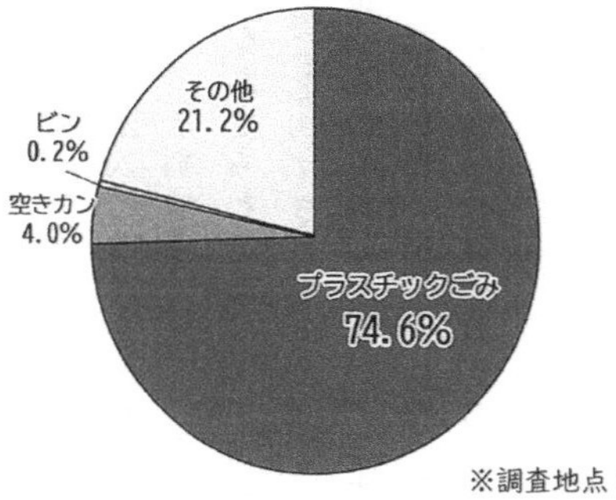

※調査地点：南湖
（2019年調査）

MLGsについて

目標のこと

MLGs ＝「マザーレイクゴールズ(Mother Lake Goals)」

・基本的な考え方：びわ湖と人との共生
・2030年のびわ湖と、びわ湖に根ざすくらしに向けて、13のゴールを設定

環境《かんきょう》と人のくらしの関わりに着目して、MLGsの達成に向けて取り組むことが大切

・ごみ ＝ 人のくらしが生み出すもの。
・みんなで取り組むことが大切。
・ＭＬＧｓの目標を使って全校によびかける。

よびかけに使う目標（13の目標のうちの３つ）

Goal 1
清らかさを感じる水に

Goal 4
水辺も湖底も美しく

Goal 11
びわ湖を楽しみ愛する人を増やそう

※この３つの目標を掲《かか》げてびわ湖の清そう活動に取り組んでいる会社がある。

（滋賀県ホームページより作成。）

一　中村さんは、【文章】と【資料】を読んで、持続可能な社会の実現のためには、プラスチックごみのリサイクルが重要であると気づき、自分に何ができるかをまとめようと考えました。あなたならどのようにまとめますか。次の〈条件〉に合わせて書きましょう。

〈条件〉　○　自分の行動が、どのように持続可能な社会の実現につながるのかをふくめて書くこと。

二　中村さんは、ＭＬＧｓの目標の中から三つを選び、その目標の一つを使って、プラスチックごみを減らす取り組みを全校児童によびかける内容を考えています。あなたなら、どのような内容を書きますか。次の〈条件〉に合わせて書きましょう。

〈条件〉
○【文章】や【中村さんのノート】をふまえて書くこと。
○選んだ目標の番号（1、4、11）を書くこと。
○原こう用紙の使い方に注意して、解答用紙の文章につながるように百二十字以上、百四十字以内にまとめて書くこと。題や氏名を書かないで、本文だけを書くこと。

令和六年度　滋賀県立中学校　入学者選抜　作文

(40分)

1

山本さんのクラスでは「人とのつながり」について書かれた本を読んで、考えたことを話し合いました。【文章①】、【文章②】、【話し合いの様子】をよく読んで、あとの問いに答えましょう。

【1枚目】

受検番号

【文章①】

僕《ぼく》がはじめて日本に来たとき、すばらしいと思ったのは、まさに日本人の道案内でした。だいたいどの国でも、道案内というのは意外と心よく応じてくれるものですが、はじめて日本人に道を尋《たず》ねたときのことは忘《わす》れられません。相手のことを思いやって、相手の立場で物事を考えていることに感動したからです。

当時の僕はまだ本当に日本語が下手《へた》でした。それでもなんとか「渋谷《しぶや》、駅、どこ?」と尋ねたのです。すると、聞かれた相手は、しばらくなにかを考えているようでした。いま思うと、彼《かれ》はこのときさっと、「次の『大向小前《おおむこうしょうまえ》』と書いてある信号を左に曲がって、スペイン坂の階段《かいだん》を下りて、左に行って…」なんて説明しても、この片言《かたこと》の外国人にはたぶんわからないだろうな、と思っていたのでしょう。まず信号になにが書いてあるか、ましてやそれが漢字なら、なおさらわかるはずがないだろう、と(たしかに当時の僕が読むことのできた漢字はごくわずかでした)。そうでなくとも、坂道やくねくねした道がある大きな街のなかで、外国人が迷子《まいご》になったらかわいそうだと思ったのかもしれません。

しばらく考えた末に彼が言ったのは、「あ、そういえば僕も渋谷駅に行こうとしてたところなんです」という言葉でした。それが嘘《うそ》なのはあきらかでした。なぜなら、僕がこっちから歩いてきて、彼はあちらから来たのに、今度は僕と同じ方向に歩き出したのですから。でも、彼はとてもうれしそうにしていました。

彼は外国人である僕に好奇心旺盛《こうきしんおうせい》に質問し、それに答える僕の下手な日本語につきあいながら、渋谷駅まで一緒《いっしょ》に歩いてくれたのです。駅が遠くに見えてきても、あれが駅だからもう行けるでしょう、と言うこともなく、最後まで一緒について来てくれました。その上、何線に乗るのかと尋ねて、乗り場にまで案内してくれたのです。

(ピーター・フランクル『ピーター流生き方のすすめ』による。)

(注) スペイン坂 = 東京都渋谷区にある道路の愛称《あいしょう》。

【文章②】

私《わたし》たちは人と人とのつながりにおいて、いったい何を求めているのでしょうか。それはやはり「幸せ(幸福)」になることである、と私は考えています。ただし一言で「幸せ(幸福)」といっても、人とのつながりをいわば利用し手段《しゅだん》とすることによって自分(だけ)の幸福を求めようとする場合もあれば、人とつながることそのものを味わう、つまり人との心からの交流を求めることによって、「幸せだなあ」という実感を得ようとする場合がありますよね。

人間にはいろいろな考え方はあるけれども、やはり自分が、さらに自分の周りの人も含《ふく》めて幸せになりたいということが、「生きる」ということの一番の核《かく》となっているのだと私は思うのです。さらにいえば、自分一人だけで幸せを得るよりも、身近な人たちを中心にできれば多くの人と幸せを感じることができれば、その方が人はより大きな幸福を味わえたことになるのではないでしょうか。

(中　略)

誰《だれ》でも「この学校に行きたい」とか、「こういう仕事に就《つ》きたい」とか、「こういう人と結婚《けっこん》したい」ということは考えたことがあるでしょうし、そんな将来《しょうらい》の夢を、友だちと語り合ったこともあるでしょう。それは、結局のところ「私はどうやったら幸福になれるんだろう」ということを、具体的な形として表現し、追求しようとしたものなのです。

この、人間の「幸福の具体的な形」は人それぞれ、いろいろ多種多様です。

ある人にとっては、たとえば歌手になって、テレビやステージでたくさんの聴衆《ちょうしゅう》を前に自己《じこ》を表現することが幸福なのかもしれません。でもある人にとっては、人前に出て歌うなんてまっぴらだ、という人もいるでしょう。自分が目立つことをしたい人もいれば、裏方《うらかた》に徹《てっ》して陰《かげ》で何かを支えることに幸福を感じる人だっているのです。

(菅野《かんの》　仁《ひとし》『友だち幻想《げんそう》　人と人の〈つながり〉を考える』ちくまプリマー新書による。)

【話し合いの様子】

西村先生:　【文章②】の筆者は「幸福の具体的な形」は人それぞれと言ってますね。みなさんは、どんなときに幸せを感じたり、うれしいと思ったりしましたか。

山本さん:　わたしはピアノの発表会で頑張《がんば》って演奏《えんそう》してたくさん拍手《はくしゅ》をもらえてうれしかったし、幸せだと思いました。

田中さん:　わたしはみんなが頑張れるようにサポートをするのが好きです。例えば、運動会の応援《おうえん》合戦の練習でなかなかふり付けができない下の学年に教えて、その子がうまくできるようになったことがうれしかったです。

西村先生:　何を「幸せ」と思うか、うれしいと思うかは人によってそれぞれですね。でも、山本さんの体験も田中さんの体験も、自分と周りの人とのつながりがあるように思います。

山本さん:　わたしはやっぱり、自分の努力を人から認《みと》めてもらえることがうれしいです。そこには自分を認めてくれた人とのつながりがあると思います。

田中さん:　わたしは自分が目立つよりも人が喜ぶ姿《すがた》を見る方がうれしいですね。自分と関わりのある人だとさらにうれしくなります。

西村先生:　なるほど。他の人は、どんなときに幸せを感じましたか。

A

一　山本さんは、【文章①】の――――線部「相手のことを思いやって、相手の立場で物事を考えている」について、筆者がこのように感じるきっかけとなった出来事についてまとめることにしました。あなたならどのようにまとめますか。書きましょう。

二　あなたが、【話し合いの様子】の A で「幸せ」と「人とのつながり」の関わりについて、自分の体験と考えを言うとしたらどのような内容にしますか。次の〈条件〉に合わせて書きましょう。

〈条件〉

○【文章②】を参考に書くこと。ただし、【文章①】や山本さんと田中さんの体験とは異《こと》なる内容を書くこと。

○原こう用紙の使い方に注意して、百二十字以上、百四十字以内にまとめて書くこと。題や氏名を書かないで、本文だけを書くこと。

令和５年度　滋賀県立中学校　入学者選抜

適性検査　解答用紙

受検番号	

※の中には何も記入しないこと。

（配点非公表）

1

※

1	(1)	きゃく
	(2)	人
2	(1)	秒速　　　　cm
	(2)	
3	（　　　）色の方が（　　　）まい多く必要。	
4	(1)	
	(2)	
	(3)	
	(4)	

2

※

1	(1)	A
	(2)	
2	(1)	
	(2)	記号
		理由
3	(1)	
	(2)	
	(3)	

※

2023(R5) 滋賀県立中
教英出版　解答用紙2の2

受検番号

令和五年度 滋賀県立中学校 入学者選抜

作文 解答用紙

（配点非公表）

※の中には何も記入しないこと。

1

一

※

二

2

一

※

二

140字 120字

※

2　1年の間には，「7月1日びわ湖の日」，「8月1日水の日」など環境《かんきょう》に関わる日が決められています。

(滋賀県ホームページによる)

1　１９７７年，びわ湖に赤潮《あかしお》が大量発生したことをきっかけに，びわ湖を守ろうとする運動が始まり，条例が定められました。
その後，生活に使う水の流れが下の図１から図２へ変わりました。
びわ湖の日は１９８１年７月１日に決定され，毎年びわ湖の日を中心に，びわ湖一斉清掃《いっせいせいそう》などが行われています。

図１　１９７０年ごろの水のじゅんかんの様子

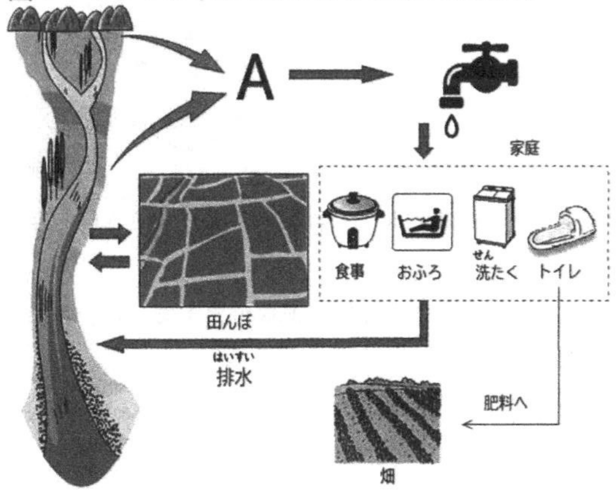

図２　現在の水のじゅんかんの様子

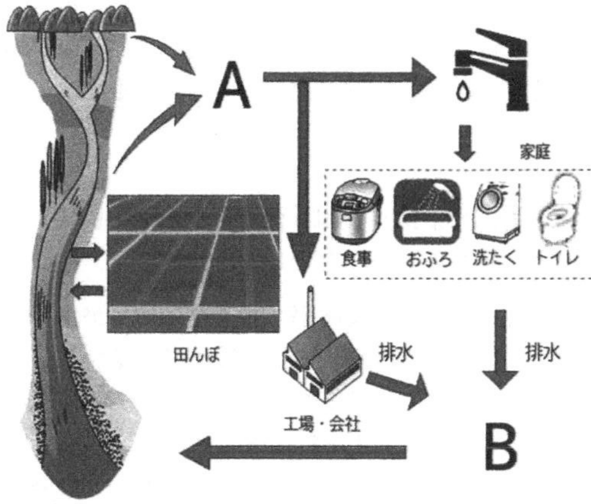

※図１，図２のA，Bは水に関する施設《しせつ》を表し，➡は水の流れを表します。

(1)　Aの施設名を答えましょう。

(2)　生活に使う水の流れが図１から図２へ変わることで，赤潮が発生しにくくなりました。発生しにくくなったと考えられる理由を図１と図２を比べて，Bの施設名も明らかにして説明しましょう。

2　8月1日の「水の日」は，日本の人々に水のじゅんかんの重要性について理解と関心を深める日として定められました。
水のじゅんかんのために森林は，重要な役割《やくわり》を果たしています。
図３は森林があるところに，図４は森林がないところにそれぞれ同じ量の雨が降《ふ》っている状態を表しています。

(国土交通省ホームページによる)

図３

図４

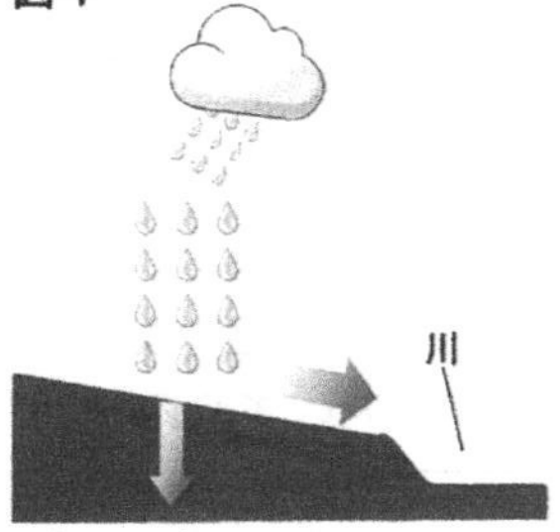

※図３，図４の➡は水の流れを表します。

(1)　＿＿線部について森林は緑のダムとよばれています。森林の重要な役割を答えましょう。

(2)　資料は雨が降り始めてからの時間と川の水の量の関係を表し，それぞれ図３，図４のいずれかの状態を表しています。図３の状態を表しているのは①と②のどちらでしょうか。記号で答えましょう。
また，そう考えた理由を説明しましょう。説明に①，②の記号を使って答えてもかまいません。

資料　雨が降り始めてからの時間と川の水の量の関係

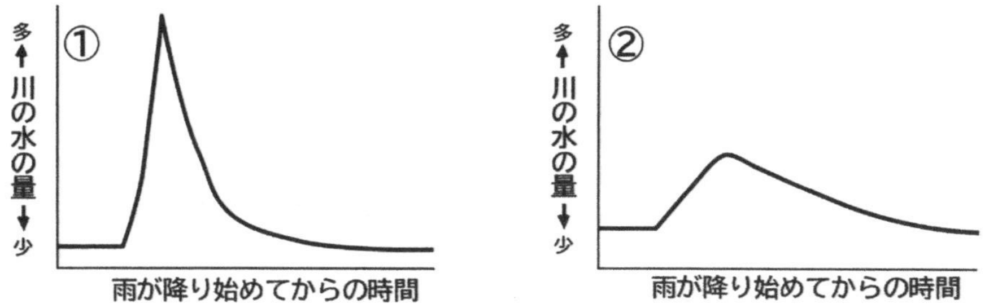

3　日本ではこれまでに，水不足に苦しむ地域《ちいき》の人々が用水路をつくるなど，水不足問題の解決に向けて取り組んできました。現在では，水道のじゃ口をひねるとすぐにたっぷりのきれいな水が出てきます。しかし，世界では今も多くの人々が水不足で苦しんでいます。

メモ１とメモ２は，世界で水不足に苦しむ子どもたちの生活と，日本からの支援《しえん》について書かれたものです。次の問いに答えましょう。

メモ１（水不足に苦しむ子どもたちの生活について）

- 多くの子どもたちは，生活用の水をくみに遠くはなれた川や湖へ行くことに一日何時間もついやしている。
- 川や湖のよごれた水をそのまま家で使うため，体調をくずす子どもも多い。

メモ２（日本からの支援について）

- 水不足で苦しんでいる人々が生活している国や地域で井戸をほったり，そこでくらす人々に，井戸をほる技術を伝えている。
- 世界有数の水処理《しょり》技術でよごれた水をきれいにしたり，その国の人を日本に研修生として受け入れ，技術指導をしている。

(1)　日本では，＿＿線部のようなことを防ぐため，家庭に送られる水に，にごりやばいきんがないかを検査しています。この検査を何といいますか，答えましょう。

(2)　メモ２に書かれた支援の中で，日本が〰〰線部のような支援を行うことで，どのようなことが期待されると考えますか，答えましょう。

メモ３は，世界で水不足に苦しんでいる人々のために活動した医師の中村哲《なかむらてつ》さんに関する記事の一部です。

メモ３

中村哲さんは，アフガニスタンという海外の国で，医師でありながら用水路建設に関わりました。医療《いりょう》支援をする中で，水不足と栄養不足が病気の背景《はいけい》にあることがわかったからです。完成した用水路の周りには緑がよみがえり，作物が育って65万人の命を支えています。

(3)　世界には水不足をはじめさまざまなことで困《こま》っている人々がいます。こうした人々の支援を考えるとき，どのようなことを大切にするべきか，メモ３を参考にしてあなたの考えを書きましょう。

令和５年度　滋賀県立中学校　入学者選抜　適性検査　問題用紙

受検番号	

(40分)　【１枚目】

1

6年生のなつみさんとはるきさんは，学校で秋の学習発表会の準備をすることになりました。

1　参加人数から，会場準備の計画を立てています。

なつみさん：体育館にはいすを準備しよう。学習発表会には，おうちの方や地域《ちいき》の方が来てくれるから，４人がけのいすが１５３きゃく必要だそうだよ。１５３きゃくをいつも通り横に８きゃくずつならべると，最も長くなるたての列は□きゃくならぶね。

はるきさん：毎年，学習発表会に来てくれる地域の方の人数は，全校児童数のおよそ２０％だそうだよ。今年も全校児童数の２０％の人が来てくれるとすると６７人になるね。

(1)　会話文中の□に入る数字を答えましょう。

(2)　全校児童は何人ですか。答えましょう。

2　学習発表会の展示《てんじ》物として，小学校周辺の町の模型《もけい》を作り，参加者に見てもらおうと考えています。

はるきさん：小学校の近くを走っている鉄道は，鉄道模型を使うことにしよう。この鉄道模型は実物の $\frac{1}{150}$ の大きさで，設定した速さで動かすことができるよ。

なつみさん：それでは，町の模型も実物の $\frac{1}{150}$ の大きさで作ってみよう。実際に町の中で電車が走っている様子を再現したいね。

(1)　はるきさんとなつみさんは鉄道模型が１秒間に進むきょりを，実際の電車が１秒間に進むきょりの $\frac{1}{150}$ とすることにしました。鉄道模型の速さは秒速何cmに設定すればよいですか。答えましょう。ただし，実際の電車の速さは時速８１kmとします。

鉄道模型を走らせると線路のつなぎ目を通るときだけ聞こえる音があることに気がつきました。そこではるきさんが駅のホームで確認《かくにん》すると，実際の電車も線路のつなぎ目を通るときだけ聞こえる音がありました。線路をよく見ると線路のつなぎ目にすきまがあり，不思議に思いました。駅員さんに聞くと，「電車を安全に運行するためだよ。夏には，すき間がなくなる日もあるよ。」と教えてくれました。

はるきさんは，駅員さんから聞いたことを実験で確認するため，以下の器具を用いて調べることにしました。

〔実験器具〕

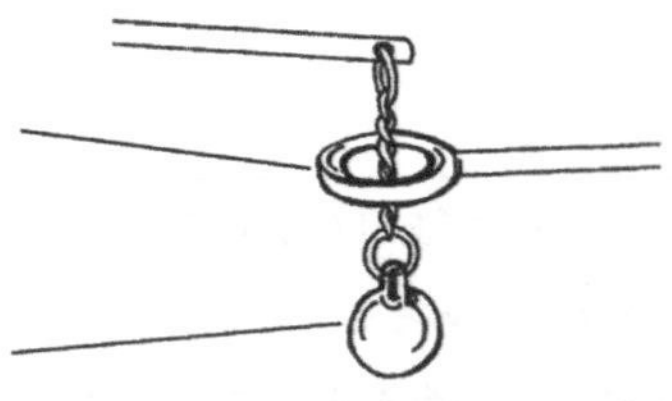

金属球および金属球がぎりぎり通過できる金属の輪

実験用ガスコンロ

(2)　駅員さんから聞いた＿＿＿線部について確認するためには，上に示した実験器具を用いてどのような実験を行い，どのような結果になればよいですか。説明しましょう。

3　なつみさんたちは白色と青色の正六角形の画用紙に中学校生活の抱負《ほうふ》を書き，学習発表会の会場にはることにしました。

〔作り方〕

①　一番上の横のならびを「１列目」として，下の列に進むほど１まいずつ減るようにはり，一番下の列が１まいになるまではる。

②　「1列目」の一番左の正六角形は白色として，「2列目，3列目，4列目，…」の一番左の正六角形は，「青色，白色，青色，…」と交互《こうご》になるようにする。

③　それぞれの列では，横に白色と青色の正六角形を交互にならべる。

④　正六角形の辺が重なるようにして，各頂点《ちょうてん》に画びょうを使ってはる。

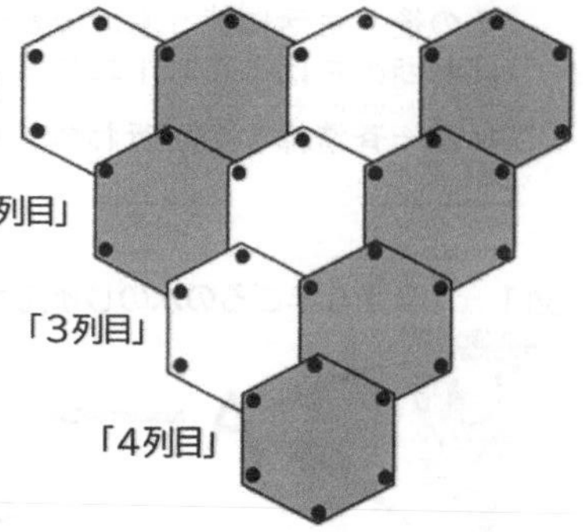

「1列目」が１０まいの場合は，青色と白色の正六角形のまい数を比べると，どちらの色の方が何まい多く必要ですか。答えましょう。

4　はるきさんとなつみさんは，他のクラスのジャガイモを題材とした発表を聞きました。興味をもった2人は，自分たちでも調べてみることにしました。

(1)　ジャガイモの葉を顕微鏡《けんびきょう》で観察すると水が水蒸気《すいじょうき》となって出ていくための小さなあなが見えました。水が水蒸気となってこのあなから出ていくことを何といいますか。答えましょう。

(2)　晴れた日にジャガイモの葉から出ている気体を調べるために，酸素用と二酸化炭素用の気体検知管を使いました。特に酸素用の気体検知管を使うときに注意することは何か，説明しましょう。

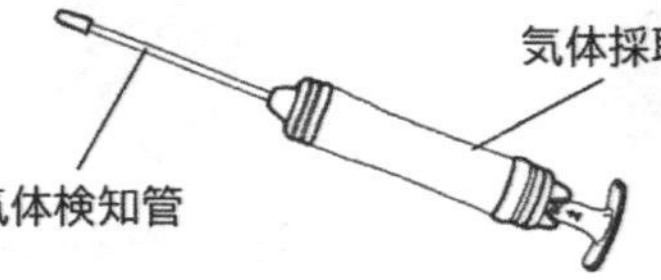

はるきさんは，ジャガイモのデンプンが体に吸収《きゅうしゅう》されやすい養分に変わることについて，ある予想をして次の実験を行いました。

〔実験〕　ゆでたジャガイモから1辺が 2cm の立方体を2つ切り出し，一方をぼうで細かくおしつぶす。それぞれにヨウ素液をかけて色の変化をみる。

〔結果〕　どちらも青むらさき色に変化した。

〔考察〕　予想とことなり，ジャガイモを細かくつぶすだけでは，デンプンは体に吸収されやすい養分に変わらない。

(3)　＿＿＿線部について，はるきさんはどのような予想をしたと考えられますか。説明しましょう。

なつみさんは，だ液がジャガイモのデンプンを体に吸収されやすい養分に変えると考え，別に行った実験について説明しています。

なつみさん：試験管にゆでたジャガイモとだ液を入れてよく混ぜ，体温と同じ温度で温めました。そこにヨウ素液を加えてもはっきりした色の変化は見られませんでした。このことから，だ液がジャガイモのデンプンを体に吸収されやすい養分に変えたと言えます。

(4)　なつみさんは，自分の行った実験方法では「だ液がジャガイモのデンプンを体に吸収されやすい養分に変えた。」と言うには不十分だと気がつき，実験方法を見直しました。どのような実験方法にしたと考えられますか。説明しましょう。ただし，温度の条件は変えないものとします。

2

下田さんは理科の授業で「植物の光合成」について学習しました。授業のあと、下田さんは、光合成をする植物が生活している様子について興味をもち、学校の図書室で調べています。

下田さんが図書室で見つけた【文章①】と【文章②】をよく読んで、あとの問いに答えましょう。

【2枚目】

受検番号

【文章①】

秋に発芽したハルジオン、ヒメジョオン、セイタカアワダチソウなどの雑草が、ロゼット状態の姿《すがた》で、冬に地面を這《は》うように葉っぱを展開《てんかい》します。寒さや乾燥《かんそう》は、地面から高くなるにつれて厳《きび》しく、地面近くでは、厳しさはやわらぎます。だから、ロゼット状態の姿をしていれば、地面近くで、寒さや乾燥をしのげます。また、葉っぱが地面にへばりついていると、冷たい風の影響《えいきょう》をあまり受けません。

ただ、寒さや乾燥をしのぐだけでなく、この姿は、葉っぱを大きく広げているので、光を十分に受けられます。（中略）その光で、光合成をして、栄養をつくり出すことができるのです。

そして何より、この姿で冬を越《こ》せば、春に暖《あたた》かくなってから発芽する植物たちより、早くに成長をはじめることができます。暖かくなればすぐに背《せ》丈《たけ》を伸《の》ばし、ほかの種類の植物を自分の陰《かげ》にしてしまいます。陰になった植物たちの成長をさまたげることはあっても、自分たちがほかの種類の植物の陰になることはありません。

ということは、冬をロゼットの姿で過ごすのは、春の成長に備えて、場所を確保している意味もあります。春に暖かくなると、ロゼットで冬を過ごしてきたハルジオンやヒメジョオンは、早々《はやばや》と茎《くき》を伸ばし、初夏に花を咲《さ》かせます。冬をロゼットで過ごしてきたセイタカアワダチソウなどは、ほかの植物の成長を抑《おさ》えて、太陽の光を受けて伸び、秋まで成長を続けます。

冬の寒さが来る前にわざわざ発芽して、冬の寒さの中で葉っぱを展開してロゼットで過ごすことに、こんなに大きな効能があるのです。

（田《た》中《なか》 修《おさむ》『植物はすごい』による。）

（注）ハルジオン・ヒメジョオン・セイタカアワダチソウ ＝ すべてキク科の植物の名前。道端《みちばた》で見かけられる雑草。

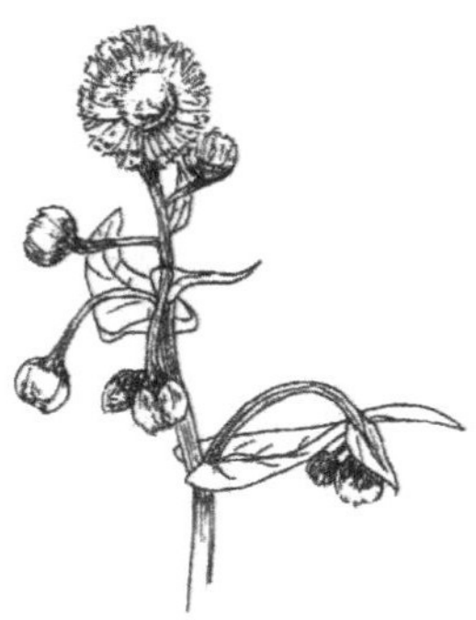

ハルジオン

セイタカアワダチソウ

ヒメジョオン

ロゼット状態

【文章②】

私《わたし》の考えでは、（中略）生命は基本的に利《り》他《た》的なものなのです。

その端《たん》的《てき》な例は、植物が光合成をすることでしょう。植物が非常に利《り》己《こ》的に振《ふ》る舞《ま》い、自分自身が必要な分しか太陽エネルギーを固定しないということになれば、他のすべての生物は存在《そんざい》できなくなってしまいます。しかし、植物は太陽の光をエネルギー源《げん》として炭水化物をつくり出し、二酸化炭素を他の生物の栄養分に変えます。植物は葉や実や果物《くだもの》を惜《お》しげもなく他の生物に与《あた》えるだけではなく、他の生物が食べられないほどの葉を大地に落とします。その落ち葉は土壌《どじょう》中の微《び》生物《せいぶつ》やミミズ、その他さまざまな生物の栄養素となって土壌を豊かにし、それがまた別の生物を育みます。

（福《ふく》岡《おか》 伸一《しんいち》・伊《い》藤《とう》 亜《あ》紗《さ》・藤原《ふじはら》 辰《たつ》史《し》『ポストコロナの生命哲学《てつがく》』による。）

（注）利他的 ＝ 他者の幸福や利益のために尽《つ》くすさま。「利己的（自分の幸福や利益を中心に考えるさま）」の反対語。

固定 ＝ 植物が光合成により二酸化炭素を吸収《きゅうしゅう》し炭水化物にすること。

一　下田さんは、【文章①】、【文章②】を読んで、植物には「利己的な面」と「利己的とはいえない面」があると感じ、このことについてまとめることにしました。あなたならどのようにまとめますか。次の〈条件〉に合わせて書きましょう。

〈条件〉○「さまたげる」と「与える」という言葉を使い、【文章①】、【文章②】の内容をふまえて書くこと。

二　下田さんは、【文章①】、【文章②】を読んで、自分にも「利己的な面」があるものの、他の人の幸福や利益を大切にしたいと考えるようになり、この考えを整理してまとめることにしました。あなたならどのようにまとめますか。次の〈条件〉に合わせて書きましょう。

〈条件〉○ あなたの「利己的な面」と「利己的とはいえない面」について、具体的に書くこと。

○ 今後、どのように他の人の幸福や利益を大切にしていくのか、経験をとりあげて書くこと。

○ 原こう用紙の使い方に注意して、百二十字以上、百四十字以内にまとめて書くこと。題や氏名を書かないで、本文だけ書くこと。

令和五年度　滋賀県立中学校　入学者選抜　作文

（40分）

【1枚目】

受検番号

★

1

植山さんは保健や体育の授業で「さまざまな運動やスポーツ」について学習しました。授業のあと、植山さんは、運動やスポーツについて興味をもち、学校の図書室で【文章①】を見つけました。

【文章①】を読み終えた植山さんが、タブレット端末《たんまつ》にコメントを入力して、感想を共有したところ、次の日、同じ【文章①】を読んだ川上さんと高橋さんから、返信をもらいました。

植山さんの見つけた【文章①】と、【文章①】に対する植山さん、川上さん、高橋さんのコメントをよく読んで、あとの問いに答えましょう。

【文章①】

野球にしかない「面白《おもしろ》さ」、サッカーにしかない「面白さ」があります。このように、それぞれのスポーツにはそのスポーツにしかない「面白さ」があり、その「面白さ」にふれて楽しむことを目的として私《わたし》たちはプレーしています。こういった行為《こうい》のことを「自己目的的活動《じこもくてきてきかつどう》」といいます。

（中略）

たとえば、今日はバッティングの調子がよくなくて、ヒットを打てずチームは負けてしまいました。しかし次の日から、「どのようにスイングしたらヒットを打て、得点できるだろうか」と悩《なや》み、練習します。すぐに成果はあらわれないかもしれませんが、この挑戦《ちょうせん》していく過程はとても楽しいはずです。練習の成果があらわれ、ヒットを打って試合に勝ったらうれしいですが、それで終わりではありませんよね。またうまくできないことをみつけ、ふたたび新しい挑戦にむかうはずです。

このようにスポーツでは、常に挑戦が連続しています。このプロセスは楽しいことだと思いませんか？

もちろん、こうやってスポーツに挑戦していくと、健康になったり仲間と友情が芽生えたりします。これもスポーツを行うよさの一つです。これらについては、本書のほかの章でお伝えします。いずれにせよ、これまで述べてきた通り、スポーツはその「面白さ」にむかって行うこと自体に価値《かち》があります。

皆《みな》さんにとって「面白い」スポーツ。なにか別のものを獲《かく》得《とく》するためではなく、そのスポーツそのものを真剣《しんけん》に、せいいっぱい、悩みながらプレーし、「面白さ」にふれて楽しんでください。

（佐藤《さとう》　善人《よしひと》『スポーツと君たち――10代のためのスポーツ教養』による。）

（注）自己目的的　＝　何か別のものを獲得するための手《しゅ》段《だん》ではなく、行為そのものが目的となっているようす。

ヒット　＝　安打。野球などで、打球が守備の間を抜《ぬ》けるなどすること。

プロセス　＝　過程。

【文章①に対するコメント】

【植山さんのコメント】

【文章①】の――――線部に書かれていることは、ちがう気がします。私の周りには、身体を健康に保ったり、友達をつくったりするためにスポーツを始める人が多いです。運動をすると脳《のう》が活性化してかしこくなるという話もあります。やはり、単なる「面白さ」よりも、効果を獲得できることがスポーツの価値なのではないでしょうか。

【川上さんのコメント】

植山さんの言うことに私は反対です。私は小さい時からずっとスポーツをしてきましたが、健康や友情を獲得するためにスポーツを続けているわけではなく、楽しいと思えるから続けてきました。スポーツの価値は、別のものを手に入れられることではなく、運動自体に熱中して「面白さ」を味わえることにあると思います。

【高橋さんのコメント】

植山さんの意見にも川上さんの意見にも「なるほど」と思うところがあると思います。【文章①】とは別の章で、筆者は左のように述べているので、これも参考にして、もう一度考えてみませんか。

どのような動機でスポーツをはじめたとしても、スポーツそのものが楽しくなければ継続《けいぞく》できません。継続できなければ当然、心身への効果を得ることはむずかしくなります。つまり、いま行っているスポーツを大切にし、主体的に、そして継続的にプレーすることが効果を獲得するためには重要であり、その環境《かんきょう》を仲間や指導者とつくることがもとめられるのです。

（佐藤　善人『スポーツと君たち――10代のためのスポーツ教養』による。）

【植山さんのコメント】

二人のコメントを読んで、この【文章①】で筆者が伝えたいことが、前よりもはっきりと理解できました。

一　植山さんは、**【文章①】**、**【文章①に対するコメント】**を読んで、スポーツを通して「健康」や「友情」を獲得するために重要なことについて、まとめることにしました。あなたならどのようにまとめますか。次の〈条件〉に合わせて書きましょう。

〈条件〉　○「面白さ」と「環境」という言葉を使い、【文章①】、【文章①に対するコメント】の内容をふまえて書くこと。

二　植山さんは、**【文章①】**、**【文章①に対するコメント】**を読んで、運動やスポーツの価値に気づきました。そこで、植山さんは、児童会活動で、小学校の一年生から六年生までがともに「面白さ」を味わえるような運動やスポーツを計画したいと考えました。あなたなら、どのようなことに気をつけて、計画しますか。次の〈条件〉に合わせて書きましょう。

〈条件〉　○　あなたが気をつけたいと考えるポイントを、はっきりと示すこと。

○　そのようなポイントを押《お》さえた運動やスポーツの計画を、具体的に説明すること。

令和４年度　滋賀県立中学校　入学者選抜

適性検査　解答用紙

受検番号	

（配点非公表）

1

1	（あ）		
2	(1)	m	
	(2)	星　個 ひまわり　個 ヨット　個	求め方
3	(1)		
	(2)	（い）	
		（う）	

2

1	(1)		
	(2)	（あ）	
	(3)	（い）	
	(4)		
2	(1)		
	(2)		
	(3)	（う）	

2022(R4) 滋賀県立中
K 教英出版　解答用紙2の2

令和四年度　滋賀県立中学校　入学者選抜

作文　解答用紙

受検番号

（配点非公表）

1

一

二

140字　120字

2

一

図①・図②・図③

↑図①・図②・図③の中から一つを選んで〇で囲むこと。

140字　120字

二

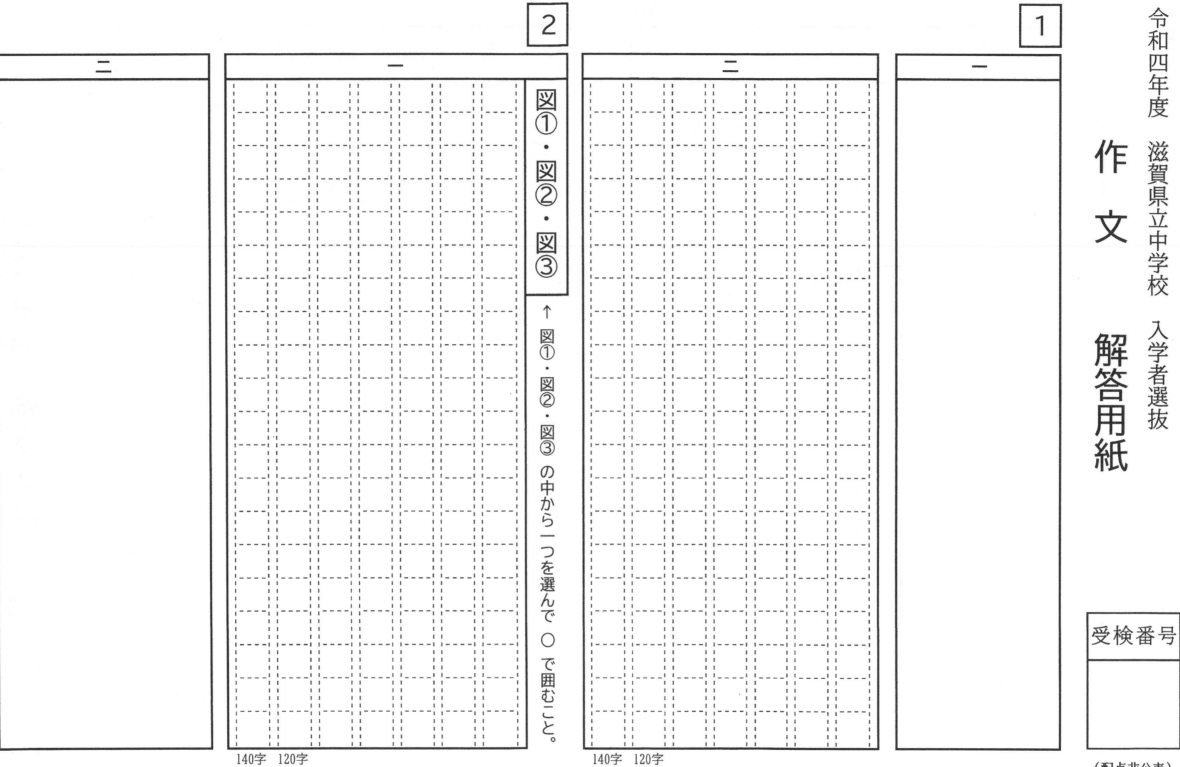

2 あきひこさんたちは，農業と水産業について調べ学習をするために，博物館に来ています。

1 **あきひこさん**は，農業について調べ，**1960年代の水田**と**現在の整備された水田**の写真を比べた**資料1**を見つけました。

資料1 水田の写真

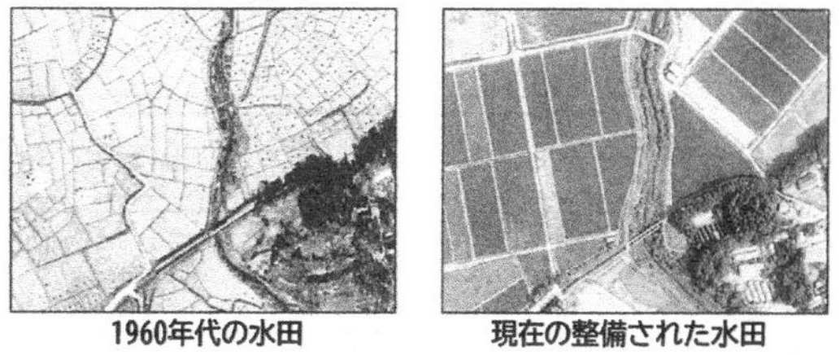
1960年代の水田　現在の整備された水田

（航空写真より作成）

(1) **現在の整備された水田**は，**1960年代の水田**と比べて，整備が行われたことによって，どのように変化しましたか。**資料1**を見て，水田の形と大きさについて書きましょう。

あきひこさんは，博物館の**林さん**に話を聞きました。

あきひこさん：水田の整備は，何のために行うのですか。

林さん：農作業をしやすくする目的があります。農道が広くなり，水田の形や大きさが変化したことで，田植えや稲《いね》かりの時に［（あ）］ことができるようになって，作業の負担《ふたん》が減りました。

(2) **林さん**の話の［（あ）］に入るふさわしい内容を書きましょう。

林さん：滋賀県でも，農業に変化が起きています。**グラフ1**では，水田を持つ農家の数と水田面積の関係から，［（い）］ことがわかります。また，大規模《だいきぼ》に米作りを行うことも，増えているんですよ。

グラフ1 滋賀県の水田を持つ農家の数と水田面積の変化

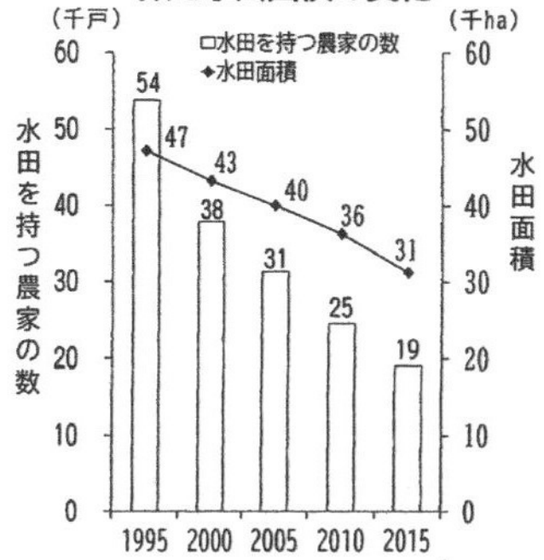

（農林水産省「農業センサス」より作成）

(3) **林さん**の話の［（い）］に入るふさわしいものを，次の**ア**から**エ**までの中から１つ選んで，記号で答えましょう。

ア　農家一戸あたりの水田面積が減ってきている
イ　農家一戸あたりの水田面積が増えたり減ったりしている
ウ　農家一戸あたりの水田面積が増えてきている
エ　農家一戸あたりの水田面積が変わっていない

あきひこさん：米作りは水の管理が重要だと聞きます。規模が大きくなると，ますます大変になりませんか。

林さん：そのとおりです。そこで，新しい技術を使った農業が研究されています。たとえば，水田に入れる水の量の調節を，スマートフォンなどを使って一斉《いっせい》に行える給水栓《きゅうすいせん》なども開発されています。

あきひこさん：なるほど，この給水栓を使えば，時間的な負担が減るんですね。いろいろな工夫がありますね。

資料2 新しい給水栓の活用

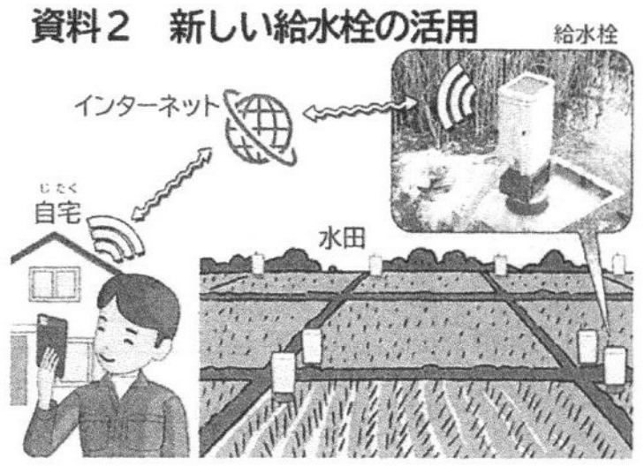

(4) **あきひこさん**の話の〰〰線部について，新しい給水栓によって時間的な負担が軽減されるのは，なぜでしょうか。**あきひこさん**と**林さん**の会話と**資料2**を参考にして，書きましょう。

2 **ふゆのさん**は，滋賀県の水産業について調べ，びわ湖の漁獲量《ぎょかく》に関する**グラフ2**を見つけました。

グラフ2 びわ湖の総漁獲量と内訳《うちわけ》

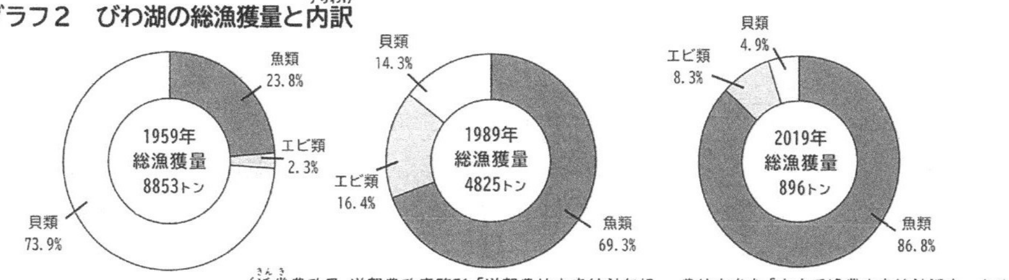

（近畿《きんき》農政局 滋賀農政事務所「滋賀農林水産統計年報」・農林水産省「内水面漁業生産統計調査」より作成）

(1) ３つの円グラフについての説明として正しいものを，次の**ア**から**エ**までの中から１つ選んで，記号で答えましょう。

ア　1959年と1989年を比べると，魚類の漁獲量は約4000トン減少した。
イ　1959年と1989年を比べると，貝類の漁獲量は5000トン以上減少した。
ウ　1959年と2019年を比べると，びわ湖の総漁獲量は10%以下に減少した。
エ　1989年と2019年を比べると，エビ類の漁獲量は約半分に減少した。

ふゆのさん：60年間で，漁獲量が大きく減少しているんですね。

林さん：そのとおりです。理由の１つに，ニゴロブナなど，びわ湖に昔からすむ在来魚の数のえいきょうが考えられます。そこで滋賀県では，**資料3**のように「魚のゆりかご水田」という取り組みを行い，在来魚が水田に上がれるようにしています。外敵《がいてき》が少なくエサとなるプランクトンも多い水田で，魚の子どもが生まれ，育つことができます。

資料3 魚のゆりかご水田

（滋賀県ホームページより作成）

(2) 滋賀県では，びわ湖岸のヨシ帯を増やす取り組みも行っています。「魚のゆりかご水田」と，ヨシ帯を増やす取り組みとに共通しているのは，どのようなところでしょうか。

林さんの話と，**資料3**，**資料4**を参考にして，取り組みの目的をふくめて書きましょう。

資料4 ヨシ帯と在来魚の関係

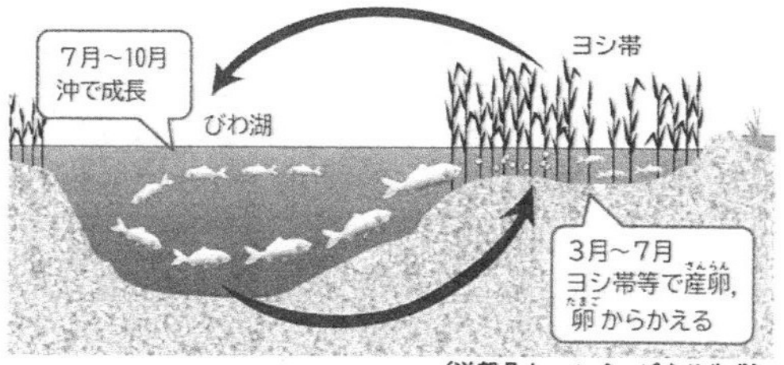

（滋賀県ホームページより作成）

ふゆのさん：漁獲量の減少について，他に考えられる理由がありますか。

林さん：食生活の変化なども，関係すると思われます。そこで滋賀県では，水産業の将来《しょうらい》を考えて，さまざまな取り組みをしています。たとえば，「琵琶湖八珍《びわこはっちん》」という取り組みがあるんですよ。

(3) **林さん**の話を聞いて，**ふゆのさん**は「琵琶湖八珍」と食生活について調べ，滋賀県の水産業の将来について考えたことをノートにまとめました。**ふゆのさんのノート**の［（う）］について，あなたならどのように書きますか。**ふゆのさんのノート**の**《調べたこと》**をもとに，「消費」という言葉を使って書きましょう。

ふゆのさんのノート

《調べたこと》

■琵琶湖八珍

Biwako Hacchin
琵琶湖八珍

食材となるびわ湖の魚介類《ぎょかいるい》から８種類（ビワマス・コアユ・ニゴロブナ・ホンモロコ・ハス・イサザ・ゴリ・スジエビ）を選んだもの。びわ湖の魚介類の知名度を上げ，県内外にその価値《かち》を発信するために，飲食店などが協力して新しいメニューの開発や宣伝《せんでん》などに取り組んでいる。

（滋賀県「琵琶湖ハンドブック三訂版《さんていばん》」より作成）

■給食のメニュー（例）

（農林水産省ホームページより作成）

■県民がびわ湖産の魚介類を食べる機会

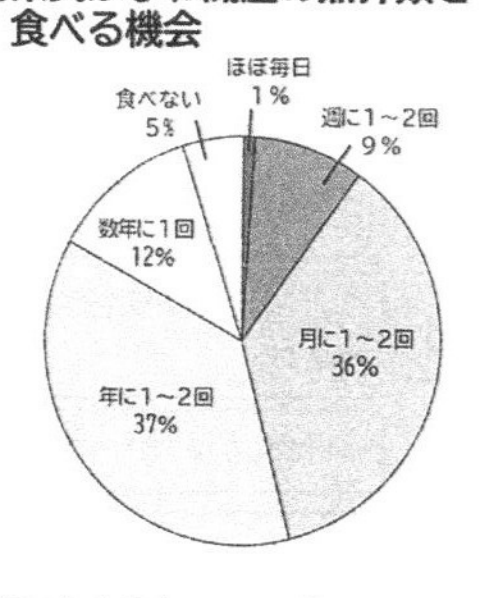

（2016年度県政モニター対象アンケートより作成）

《滋賀県の水産業の将来について考えたこと》

［（う）］ことで，
滋賀県の水産業がさかんになることが期待できる。

令和４年度　滋賀県立中学校　入学者選抜　適性検査　問題用紙

受検番号	

【1枚目】

(40分)

1　６年生のはるきさんは，妹の４年生のなつみさんと星座《せいざ》の動き方を観察したり，はり金でかざりを作ったりして夏休みを過ごしました。

１　**はるきさん**は，星座の動き方を観察するとき，記録カードに書き入れる必要があることについて，**なつみさん**にアドバイスをしました。下の会話文の［（あ）］に入る，ふさわしい内容を書きましょう。

なつみさん：星座の動き方を調べたいのだけど，どのように観察したらよいのかな。

はるきさん：例えば，同じ場所に立って，１時間ごとに星座の位置を観察するといいね。観察したことは，１枚《まい》の記録カードに書くとよくわかるよ。

なつみさん：記録カードには，観察した時刻《じこく》を書き入れたほうがいいね。他に何か気をつけることはあるのかな。

はるきさん：方位と高さも書き入れたほうがいいね。それと，［（あ）］を書き入れると，星座の動き方がよくわかるね。

２　**はるきさん**は，**なつみさん**と，はり金を使ってかざりを作ることにしました。

まず最初に，**はるきさん**は，**表１**に示した２種類のはり金を組み合わせて**写真１**のように**星**を１個作りました。同じものを作るために，それぞれのはり金をどれだけ使ったのか知りたかったのですが，金色のはり金を 1.5m 使ったことしか覚えていませんでした。

そこで，星の重さをはかることで，銀色のはり金をどれだけ使ったのか計算で求めることにしました。

表１　１mあたりの重さ（g）

	重さ
金色のはり金	7.5
銀色のはり金	2.5

写真１

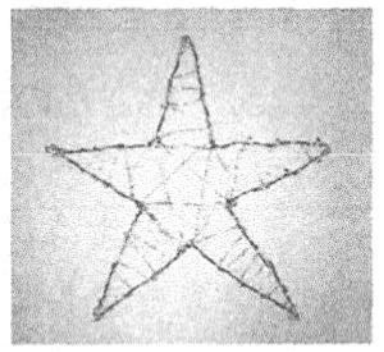

(1)　星の重さをはかったら 20ｇでした。銀色のはり金は何m使ったことになりますか。

次に，２人は，星の他に，**表１**のはり金を使い，新たに**ひまわり**と**ヨット**もいくつか作りました。**表２は，ひまわりとヨットをそれぞれ１個作るのに必要なはり金の種類とその長さをまとめたものです。**そして，作ったものを棒《ぼう》とひもを使って，**図１**のようにかざることにしました。棒の左側には，**ひまわり**と**ヨット**をつり下げています。

表２　使ったはり金の長さ（m）

	ひまわり	ヨット
金色のはり金	1	2
銀色のはり金	1	0

なつみさん：水平につり合うためには，右側に何ｇ分をつり下げたらよいのかな。

はるきさん：それがわかったら，どれを何個つり下げたらいいかわかるね。

なつみさん：少なくとも，**星**，**ひまわり**，**ヨット**をそれぞれ１個はつり下げよう。

図１

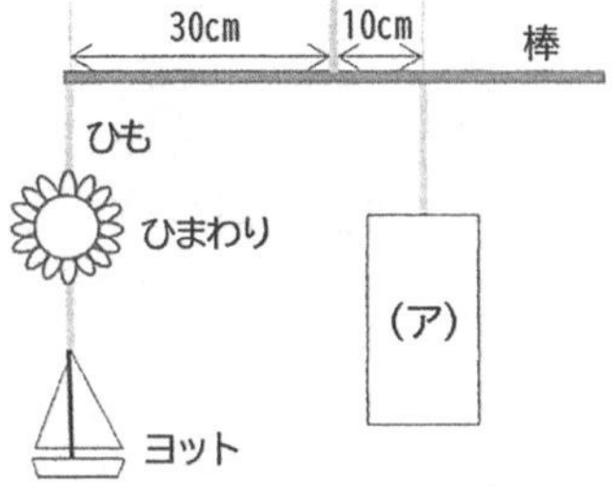

(2)　**図１**のように水平につり合うためには，右側の［（ア）］に**星**，**ひまわり**，**ヨット**をそれぞれ何個つり下げればいいでしょうか。水平につり合う例を１つあげましょう。また，その例の求め方を，言葉や数，式を使って説明しましょう。ただし，右側には，星，**ひまわり**，**ヨット**をそれぞれ１個以上つり下げることとし，棒とひもの重さは考えないものとします。

３　のどがかわいたので，テーブルに置いてあったお茶に，**はるきさん**は氷を入れて冷やし，**なつみさん**は冷やさずに飲むことにしました。

なつみさん：氷を入れたコップの外側に，水滴《すいてき》がたくさんついているよ。氷を入れなかったわたしのコップには，ついていないね。

はるきさん：氷を入れてお茶が冷えたから水滴がついたんだよ。

なつみさん：寒い季節になると，まどガラスの内側に水滴がついていることもあるね。

はるきさん：どちらも温度のちがいが関係しているのではないかな。

写真２

なつみさんのコップ　　はるきさんのコップ

(1)　**写真２のはるきさんのコップ**のように，氷を入れて冷えたお茶が入っているコップの外側に，水滴がつくのはなぜでしょう。「水蒸気《すいじょうき》」という言葉を使って説明しましょう。

はるきさんは，コップについた水滴でテーブルがぬれないようにするために，**図２**のように合同な正三角形の板をいくつかならべて，**図３**のようなコップの下にしく**コースター**を作りました。

はるきさん：正三角形の板をならべて，コースターを作ったよ。

なつみさん：どのようにならべたの。

はるきさん：正三角形の１つの頂点《ちょうてん》を中心に，すきまや重なりなくしきつめたんだよ。

図２

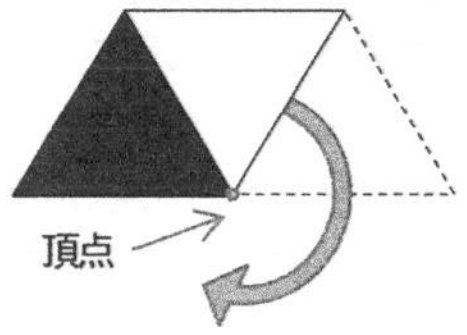

図３

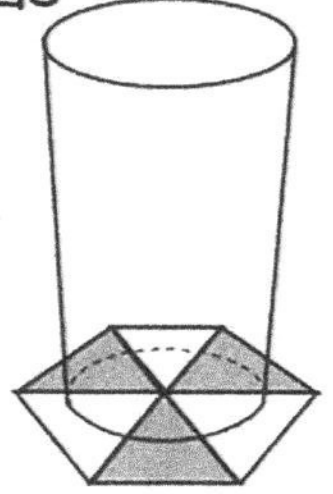

はるきさんと**なつみさん**は，正三角形の他にも，１つの頂点を中心に，すきまや重なりなくしきつめることができる正多角形があるのではないかと考えました。

なつみさん：どんな正多角形でも，１つの頂点を中心に，すきまや重なりなくしきつめられるのかな。

はるきさん：しきつめられる正多角形もあるし，しきつめられない正多角形もあるよ。

なつみさん：しきつめられる正多角形には，他にどんなものがあるのかな。

はるきさん：正三角形の他には，［（い）］があるね。１つの頂点を中心に，すきまや重なりなくしきつめられる正多角形には，［（う）］という共通点があるよ。

(2)　上の会話文の［（い）］に入る正多角形は，正三角形の他にどのような正多角形がありますか。すべて答えましょう。また，［（う）］に入る，ふさわしい内容を「正多角形の１つの角の大きさ」という言葉を使って書きましょう。ただし，図２のように１つの頂点を中心に，すきまや重なりなくしきつめることとし，使う図形は合同な正多角形とします。

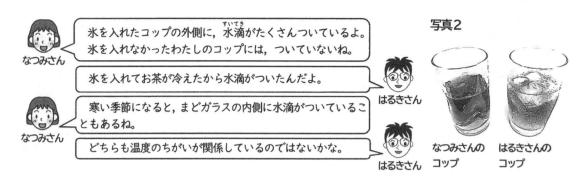

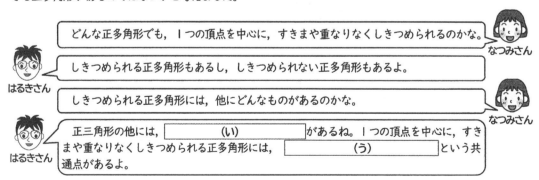

2

田中さんは、総合的な学習の時間に、滋賀県は早くから福祉《ふくし》のまちづくりが進められてきたことを知り、ホームページで【資料①】をみつけ、ユニバーサルデザインに興味をもち調べることにしました。調べている中で、さらに【資料②】をみつけ、これらを使ってクラスで発表することにしました。
次の【資料①】、【資料②】、【発表原こう】をよく読んで、あとの問いに答えましょう。

【２枚目】

受検番号

【資料①】

基本目標

すべての人が個人として互《たが》いに尊重《そんちょう》し合い、
等しく社会に参加し、家庭や地域《ちいき》社会でいきいきと生活できる
ユニバーサルデザイン社会をみんなで実現

みんなで取り組むユニバーサルデザインの基本姿勢《しせい》

ア 「はじめから」の発想

ユニバーサルデザインは、事後対応ではなく、「はじめから」考えて、すべての人が生活、活動しやすい環境《かんきょう》づくりを行うものです。

事業を実施《じっし》するときに、「はじめから」すべての人の利用を想定することにより、高齢《こうれい》者用、障害《しょうがい》者用などと利用者を限定するのではなく、さりげなく様々《さまざま》な人が使いやすいものとすることを可能とします。

イ 「終わりなき」取組

ユニバーサルデザインは、はじめから、すべての人が利用可能なように計画、実施するという考え方ですが、そのためにはどのような方策《ほうさく》が考えられるのか、それが困難《こんなん》な場合にはどのような代わりの案が考えられるのかなど、目標に向けてより多くの人が参画し、様々な意見を聴《き》きながらより良いものにしていこうという過程やその姿勢が重要です。

また、できあがってしまえばそれで終わりというものではありません。作り上げたものの機能を低下させないよう維持《いじ》し、さらに改良できないか絶えず考えることが重要です。

（『淡海《おうみ》ユニバーサルデザイン行動指針《ししん》＝滋賀県のユニバーサルデザインの考え方や方向性を示したもの』より作成。）

（注） 取組 ＝ 「取り組み」のこと。
方策 ＝ ものごとをする方法。やりかた。

【資料②】

～ユニバーサルデザインの７原則～

1 誰《だれ》でも公平に使えること
2 柔軟《じゅうなん》に使用できること
3 シンプルで直感的にわかること
4 必要な情報が簡単《かんたん》にわかること
5 うっかりミスが危険《きけん》につながらないこと
6 少ない力で楽に利用できること
7 利用のための適当な広さ、大きさがあること

（滋賀県 滋賀の縁創造実践《えにしそうぞうじっせん》センター 社会福祉法人滋賀県社会福祉協議会『ユニバーサルデザイン探検《たんけん》隊が行く』による。）

【発表原こう】

滋賀県では、平成六年、全国で五番目に「住みよい福祉のまちづくり条例」を定め、福祉のまちづくりが進められてきました。そしてさらに、「ユニバーサルデザインの考え方を取り入れ、取組が進められています。ユニバーサルデザインは、障害の有無、年齢、性別、人種等にかかわらず、すべての人が、生活、活動しやすい環境づくりを事後対応ではなく、「はじめから」行うものです。考えるための視点《してん》として、ユニバーサルデザインの7原則があります。

（【資料②】を示す。）

例えば、階段《かいだん》の近くにエレベーターやエスカレーターがあれば、大きな荷物を持っている人、けがをしている人、日頃《ひごろ》運動不足を感じている人など、利用者の状況《じょうきょう》に応じて、自分が使いたい方法を選んで上り下りができます。これは、7原則の「柔軟に使用できること」にあたります。

その他にも、こちらの図を見てください。（【図①】から【図③】の中から一つを示す。）

【　Ａ　】

ユニバーサルデザインは、できあがってしまえばそれで終わりというものではありません。

例えば、照明をつけたり消したりできるスイッチについて考えてみましょう。天井《てんじょう》の照明器具につけられたひもをひっぱるタイプのスイッチがありますが、ひもに手がとどかない人は使うことができません。かべにつけられたスイッチはどうでしょう。その中でも、大きなスイッチは、小さなスイッチではおすことがむずかしかった人も、手全体でおすことができます。また、両手に荷物を持った人でも、かたでスイッチをおすことができるようになります。では、このような大きなスイッチは、ユニバーサルデザインとして完成形と言えるのでしょうか。スイッチに手がとどかない人はどうでしょう。

【　Ｂ　】

～ユニバーサルデザインの７原則～
1 誰でも公平に使えること
2 柔軟に使用できること
3 シンプルで直感的にわかること
4 必要な情報が簡単にわかること
5 うっかりミスが危険につながらないこと
6 少ない力で楽に利用できること
7 利用のための適当な広さ、大きさがあること

【図①】

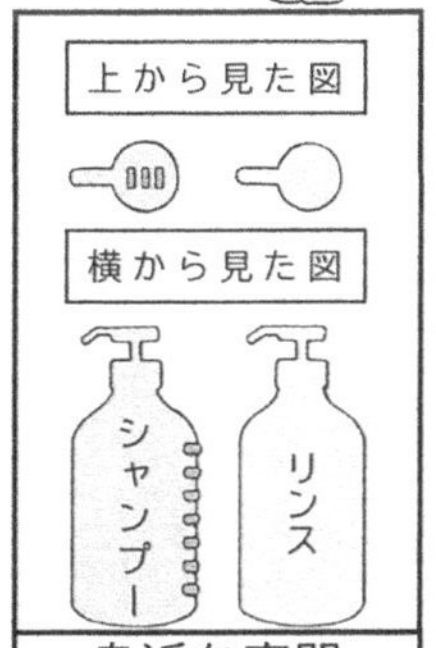

上から見た図
横から見た図
シャンプー
リンス

身近な容器

【図②】

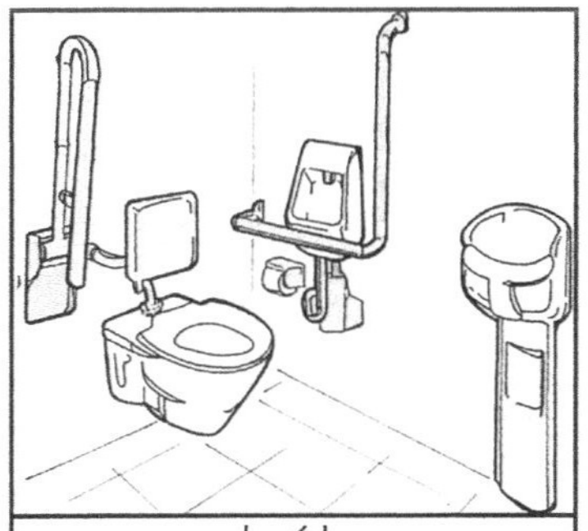
トイレ

【図③】

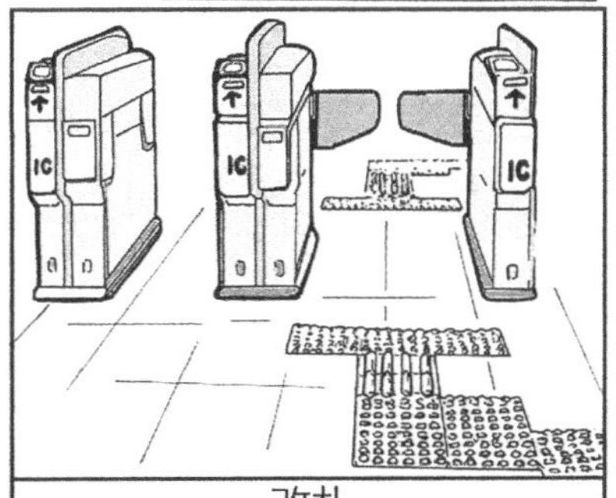

IC

改札

一 田中さんは、【発表原こう】の【　Ａ　】で【図①】から【図③】の中から一つを選んで事例をしょうかいします。あなたが田中さんならどのようにしょうかいしますか。次の〈条件〉に合わせて書きましょう。
〈条件〉 ○ 【図①】から【図③】の中から一つを選び、多様な人々が利用できるようにどのような工夫がされていて、それはどうして使いやすいのか、書くこと。
○ 【資料②】の7原則のうちのどれにあてはまるのかを書くこと。
○ 原こう用紙の使い方に注意して、百二十字以上、百四十字以内にまとめて書くこと。題や氏名を書かないで、本文だけ書くこと。

二 田中さんは、【発表原こう】の【　Ｂ　】で【資料①】の「終わりなき」取組について具体例をあげて説明します。あなたが田中さんならどのように説明しますか。次の〈条件〉に合わせて書きましょう。
〈条件〉 ○ 「改良」という言葉を使い、照明スイッチについてのアイディアを書くこと。
○ 【資料①】の「終わりなき」取組と関連付けて書くこと。

令和四年度　滋賀県立中学校　入学者選抜　作文

（40分）

【１枚目】

受検番号

1

山田さんは、【文章①】を読んで、「地域《ちいき》の食文化」について興味をもちました。クラスで滋賀県の特色について学習することになり、山田さんは、わたしたちの住む滋賀県には、どのような食文化があるのか調べることにし、【文章②】をみつけました。

次の【文章①】、【文章②】をよく読んで、あとの問いに答えましょう。

【文章①】

食べながら、その地域ならではの伝統を知ることもできます。それが「食文化」です。地域特産の材料を、古くから受けつがれた方法で調理した郷土《きょうど》料理は、観光客を引き寄せる役割《やくわり》も果たしています。もっとも、都会でくらしている場合、「地域の食文化」といわれてもピンとこないかもしれません。現代の日本では、輸送手段《しゅだん》が発達したことで、遠くの県でとれた野菜や魚もスーパーの売り場にならんでいるのが当たり前だからです。どれが地域の特産品かと聞かれても、答えようがないかもしれません。

そんな現代の食べ物でも、よその地域とくらべることで、独特の食文化を改めて確認《かくにん》できることがあります。たとえば、みそ汁《しる》に使われるおみそです。わたしが生まれ育った名古屋では、赤だしみそが使われています。赤だしみそを使うと、みそ汁がこげ茶色なのです。よくおぼえているのは、小学生のときに泊《と》まった長野県の親せきの家での晩《ばん》ごはんです。目の前にあるうす茶色のおつゆがみそ汁だといわれて、びっくりしました。飲んでみると、「これもみそ汁かな」とは思いましたが、味はかなりちがいました。

なぜ、このようなちがいがあるのでしょうか。地域の食文化は、その地域に適した農産物から生まれることが多いからです。農業は気象条件に大きく左右されます。地形や地質のちがいからも、栽培《さいばい》できる作物の種類や収穫《しゅうかく》できる量に差が生まれます。また、川や湖などの水源《すいげん》との位置関係も農業の重要な要素です。お米の生産には大量の水が欠かせないからです。このように、食べ物の特色にはその地域の自然条件が表れているのです。

（生源寺《しょうげんじ》　眞一《しんいち》『「いただきます」を考える～大切なごはんと田んぼの話～』による。）

【文章②】

（滋賀県立琵琶湖博物館・滋賀の食事文化研究会『湖国の食事《くいじ》』による。）

（注）食事文化　＝　ここでは食文化のこと。　　なれずし　＝　塩漬《しおづ》けにした魚とご飯を合わせ自然発酵《はっこう》させたもの。
脇往還　＝　ここでは北国街道から分かれた道のこと。　　ハレの日　＝　ふだんの日とはちがうおめでたい日。
ぬた　＝　野菜や魚介《ぎょかい》などをすみそであえたもの。　　神饌　＝　神や神だなへのそなえ物。
獣肉　＝　イノシシなど野生動物の肉。

一　山田さんは、【文章①】、【文章②】を読んで、滋賀県では、「どのようにして地域ごとにそれぞれの食文化が育まれてきたのか」について、まとめることにしました。あなたならどのようにまとめますか。次の〈条件〉に合わせて書きましょう。

〈条件〉　○　「自然条件」と「街道」という言葉を使い、【文章①】、【文章②】の内容をふまえて書くこと。

二　【文章①】、【文章②】を読んで、滋賀県の食文化について、あなたなら、クラスの人に何を伝えたいと考えますか。次の〈条件〉に合わせて書きましょう。

〈条件〉　○　「伝えたい理由」と「さらに調べる必要があること」について書くこと。
○　「どのようにして地域ごとにそれぞれの食文化が育まれてきたのか」以外について書くこと。
○　原こう用紙の使い方に注意して、百二十字以上、百四十字以内にまとめて書くこと。題や氏名を書かないで、本文だけ書くこと。

令和３年度　滋賀県立中学校　入学者選抜

適性検査　解答用紙

受検番号	

（配点非公表）

1

1		
2	説明 答え　　　　ｋｇ程度	
3	なつみさんが「【確かめたいこと】がわからない。」と考えた理由	【実験方法】をどのように変えるとよいか。
4	①　　②　　③	
5	説明	

2

1			
2	(1)		
	(2)	※１	
		※２	
3			
4	(1)		
	(2)	生産者：	
		消費者：	

令和三年度 滋賀県立中学校 入学者選抜

作文 解答用紙

受検番号

（配点非公表）

1

一

二

120字 100字

2

一

二

120字 100字

受検番号	

【２枚目】

2　**りこさん**のクラスでは，社会の情報化について，学校の図書室で調べ学習をすることになりました。最初に，グループで話し合ううちに，**りこさん**はくらしに必要な情報を手に入れるには，さまざまな方法があることに気がつきました。

1　**りこさん**は，テレビ，新聞，インターネットの特ちょうを比べるため，下の**表**にまとめました。わたしたちが情報を手に入れるときに，新聞にはどのような特ちょうがありますか。**表**の ※ に入る内容として，最もふさわしいものを，次の**ア**から**エ**の中から１つ選んで，記号で答えましょう。

表

メディア	主な特ちょう
テレビ	映像《えいぞう》や音声，文字を使っていてわかりやすい。
新聞	※
インターネット	世界中とつながっていて，大量の情報をすぐに調べることができる。

ア　家事や運転などの作業をしながら，情報を手に入れることができる。
イ　持ち運びができ，切りぬいて保ぞんができる。テレビでは放送されない情報も手に入る。
ウ　写真を中心に，最新の情報をいち早く手に入れることができる。
エ　利用者同士が自由に文字や写真を送ったり，受け取ったりできる。

2　さらに，社会の情報化について調べていると，**グラフ１**と**グラフ２**を見つけました。

グラフ1　インターネット利用状きょう

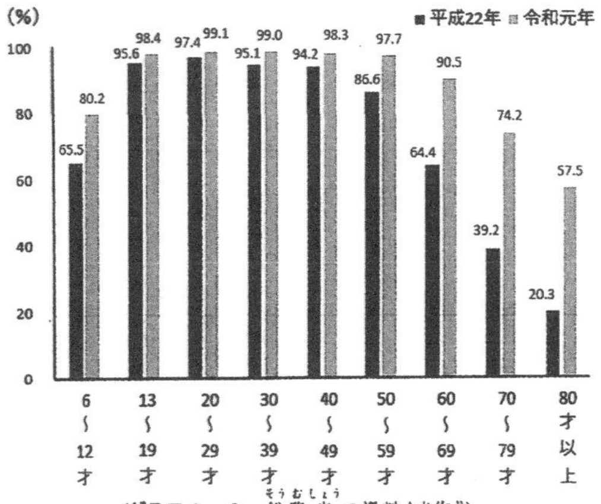

グラフ2　主な情報通信機器の保有状きょう

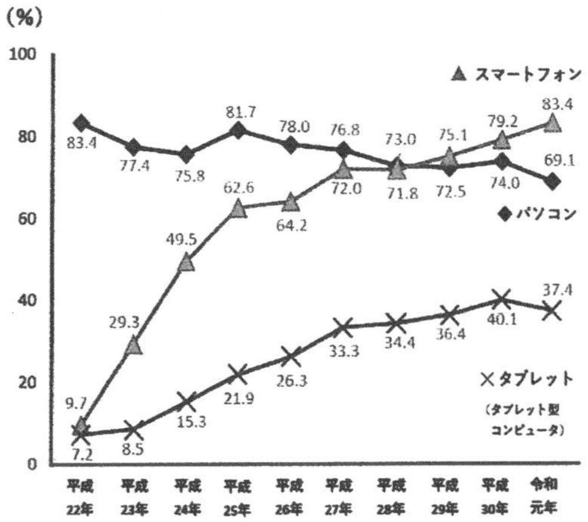

(グラフ１・２　総務省《そうむしょう》の資料より作成)

(1)　**グラフ１**と**グラフ２**を見て，それぞれからわかることを関連づけて，社会の情報化がどのように進んだのかについて，あなたの考えを書きましょう。
(2)　さらに，**りこさん**は，インターネットは便利だけれど，きまりやマナーを知ることが大切だと考えました。そこで，情報を送る側と情報を受け取る側の両方の立場から考えを整理し，**メモ**に書くことにしました。**りこさんのメモ**の他にどのようなことが考えられますか。**メモ**の※１と※２にあなたの考えを書きましょう。

りこさんのメモ

【情報を送る側】 初めて知り合った人に，住所や電話番号などを教えない。	【情報を送る側】 人が作った文章や写真などを，自分のものとして勝手に発信しない。	【情報を送る側】 ※1
【情報を受け取る側】 他人のパスワードをたずねたり，使ったりしない。	【情報を受け取る側】 あやしいメールや必要のない情報は，絶対に受け取らない。	【情報を受け取る側】 ※2

りこさんたちは，日曜日に図書館に行きました。図書館に着くまでのさまざまな場所や，ちゅう車場などに，**マークなどのくふう**がいくつか取り入れられていることに気がつきました。

マークなどのくふう

そらさん：①と③の**マーク**の意味を知っているよ。前に，この図書館の人から教えてもらったんだ。

ゆみさん：図書館のほかにも，駅やスーパーマーケットなど，わたしたちのまちのあちこちで，このような**マーク**を見かけることが多いね。

3　**ゆみさん**は，これらの**マークなどのくふう**はどのように役に立つのだろうかと思いました。①から④の**マークなどのくふう**の意味や効果にふれながら，あなたの考えを書きましょう。

4　**りこさん**は図書館から帰ると，姉の**まきさん**とスーパーマーケットに買い物に出かけました。お米売り場を通りかかったとき，ふくろにかかれている**環境《かんきょう》こだわり農産物認証《にんしょう》マーク**やけい示してある**ポスター**や**資料**に気づき，**まきさん**にたずねることにしました。

りこさん：お姉さん，この**環境こだわり農産物認証マーク**には「びわ湖にやさしい」と書かれてあるね。どういうことなのかな。

まきさん：農薬や化学肥料の使用を通常の５割《わり》以下にすることによって，［　　※　　］から，「びわ湖にやさしい」と表現しているのでしょうね。

りこさん：なるほどね。**ポスター**にかかれているように，滋賀県では，地産地消に取り組むことで，びわ湖を守ろうとしているのね。

環境こだわり農産物認証マーク

(滋賀県「環境こだわり農産物認証制度」による)

ポスター

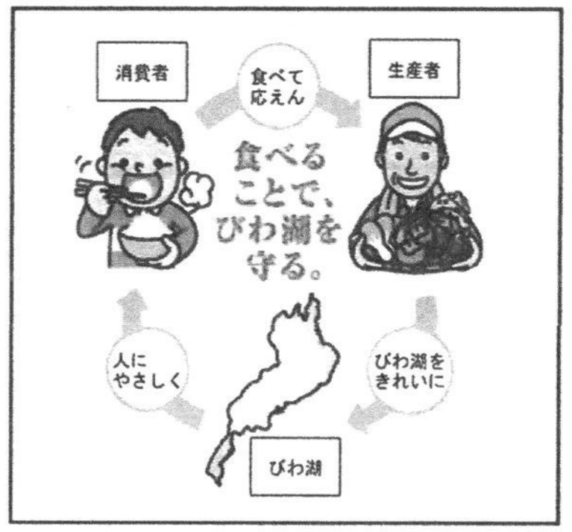

(滋賀県「滋賀のおいしいコレクション」ホームページより作成)

資料

(1)　**環境こだわり農産物認証マーク**を参考に，上の会話文の ※ に入るふさわしい内容を書きましょう。
(2)　近年，トレーサビリティのしくみが整えられてきています。地産地消やトレーサビリティの取り組みは，生産者と消費者それぞれにとって，どのようなよさがありますか。**ポスター**と**資料**を参考にして書きましょう。

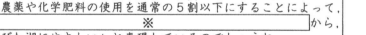

令和３年度　滋賀県立中学校　入学者選抜　適性検査　問題用紙

受検番号

【１枚目】

(40分)

1　６年生の**はるきさん**のクラスでは，みんなで学校周辺のごみ拾いをしたことをきっかけに，環境《かんきょう》問題に関わる事柄《ことがら》について調べ，自分たちができることについて考えをまとめて発表しようと計画を立てました。

はるきさんは，ごみの処理《しょり》と再利用に関心をもち調べる中で，理科の教科書に，ごみ集積場で電磁石《でんじしゃく》を使ってものを持ち上げて移動させている写真がのっていたのを思い出しました。そこで，電磁石の仕組みを使って**図１**のような装置《そうち》を作り，実際に使ってみると，鉄のゼムクリップを６個持ち上げることができました。**はるきさん**は，一度によりたくさんの鉄のゼムクリップを持ち上げるために，装置をどのように作りかえればよいか考えました。

図１

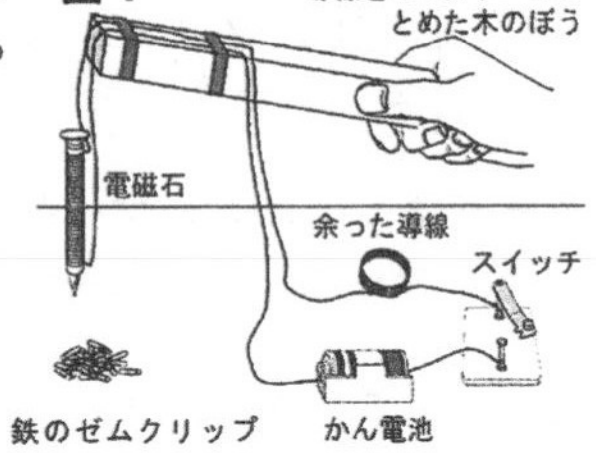

はるきさん

かん電池の数を増やして直列につなぐと，電流が強くなって電磁石の力が強くなるので，一度によりたくさんの鉄のゼムクリップを持ち上げることができそうだね。

１　**図１**の装置を作りかえて，一度によりたくさんの鉄のゼムクリップを持ち上げるためには，**はるきさん**の考えたかん電池の数を増やす方法の他にどのような方法がありますか。

なつみさんは，水のよごれに関心をもち，インターネットで調べていました。すると，**あきおさん**が，びわ湖の水質や水草の資料を見つけたよと教えてくれました。２人で資料をくわしく読むと，滋賀県では，水草を材料に肥料を作り，県民に無料で配布していることがわかりました。

あきおさん

この肥料を２年生が育てるダイズの畑にまくと，どうだろう。

なつみさん

それはいい考えだね。たくさんとれるように，たくさん肥料をあげるといいんじゃないかな。

あきおさん

肥料のやりすぎもいけないと聞いたことがあるよ。どれくらいがちょうどいいのかな。

滋賀県庁《けんちょう》に電話して聞くと，１ a あたり肥料350kg程度がよいことがわかりました。

２　２年生がダイズを育てている畑は，**図２**のような形と大きさをしています。肥料は何kg程度準備すればよいでしょう。式や言葉を使って説明しましょう。

図２

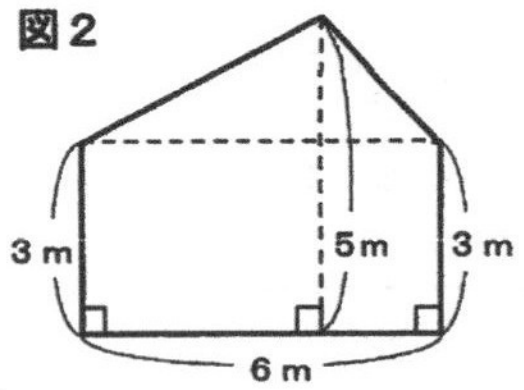

あきおさん

わたしたちは，ダイズをなえから植えて育てたけれど，種子から育てるにはどうしたらよいのかな。

なつみさん

ダイズの種子が発芽する条件を調べてみましょう。

図書室で調べてみると，ダイズの種子の発芽条件は，インゲンマメの種子の発芽条件と同じだと書いてあったので，**あきおさん**は，次のような実験で確かめることにしました。

【確かめたいこと】
ダイズの種子の発芽には，適当な温度が必要か。

【実験方法】
①同じ大きさの容器を２つ準備し，それぞれに水でしめらせただっし綿《めん》をしき，ダイズの種子をまく。
②用意した２セットのうち，１つは教室の日光が当たり気温の上がる場所(平均気温が20℃)〈A〉へ，もう１つは冷蔵庫《れいぞうこ》の中（冷蔵庫の中は暗く，温度が６～７℃)〈B〉に入れる。
③Aに置いたものとBに置いたものの発芽の様子を10日間観察し，比べて確かめる。

なつみさん

この【実験方法】では，【確かめたいこと】がわからないよ。

３　**なつみさん**は，なぜこのように考えたのでしょう。また，「ダイズの種子の発芽には，適当な温度が必要か。」を確かめるには，**【実験方法】**をどのように変えればよいですか。それぞれ説明しましょう。説明には，**【実験方法】**中の記号**A**，**B**を使ってもよいこととします。

なつみさん

わたしは，ダイズは，枝豆と同じように野菜の仲間だと思っていたので，家庭科で栄養素の学習をしたとき，おもに体の調子を整えるはたらきをする食品のグループではないということを知ってびっくりしました。

４　**あきおさん**が，ダイズに多くふくまれる栄養素とそのはたらきについて，次のように説明しています。（　①　）から（　③　）にあてはまる言葉を，次の**ア**から**キ**の中から選んで，それぞれ記号で答えましょう。ただし，同じ記号は一度しか使えません。

【あきおさんの説明】
ダイズは，肉やたまご，牛乳《ぎゅうにゅう》や海そうと同じグループに分けられます。そのグループのうち，（　①　）を多くふくむ食品には，肉やたまご，ダイズなどがあり，（　②　）を多くふくむ食品には，牛乳や海そうなどがあります。これらは，ともに（　③　）になる食品です。

ア　炭水化物　　**イ**　脂質《ししつ》　　**ウ**　たんぱく質　　**エ**　無機質(カルシウムなど)
オ　ビタミン　　**カ**　エネルギーのもと　　**キ**　体をつくるもと

はるきさんのクラスでは，２月19日に，調べたことをまとめて発表することになりました。

あきおさん

２月19日は何曜日かな。２月のカレンダーがないからわからないね。

はるきさん

カレンダーを見なくても，考えるとわかるよ。
カレンダーをたてに見ると７ずつ数が大きくなっているね。2021年１月の水曜日は，６，13，20，27となっているけど，これらの数字を７でわった余りは全て６になる。例えば，13÷７＝１あまり６だね。水曜日は，７でわると余りが６になる数のグループということができるよ。
他の曜日も，７でわった余りが同じになっているから，この考えを使うと，わり算をして余りを調べることで曜日がわかるんだよ。

2021年１月のカレンダー

日	月	火	水	木	金	土
					1	2
3	4	5	6	7	8	9
10	11	12	13	14	15	16
17	18	19	20	21	22	23
24/31	25	26	27	28	29	30

なつみさん

１月はそれでわかるけれど，２月はどう考えたらいいのかな。

はるきさん

２月１日を１月32日というように，１月を基準にした数字に直して考えていけばわかるよ。

なつみさん

はるきさんと同じように考えると……。今年の２月19日は金曜日だね。

５　**なつみさん**が，「今年の２月19日は金曜日だ」とわかったのはどうしてでしょう。同じように考えて，式や言葉を使って説明しましょう。

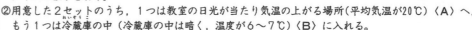

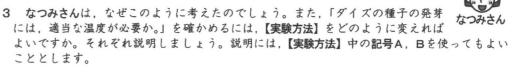

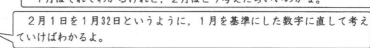

2　田口さんのクラスでは、自然や生き物について書かれた本を読んで、おもしろいと感じたところや興味をもったところについてグループで話し合うことにしました。
次の**【文章①】**、**【文章②】**、**【グループでの話し合いの様子】**をよく読んで、あとの問いに答えましょう。

【２枚目】

受検番号

【文章①】

かつては、道具を使うのはヒトだけだと考えられていました。しかし、今では、ヒト以外でも道具を使う動物がいることが明らかになっています。

例えばカラスです。南太平洋のニューカレドニアにすむカレドニアガラスは、くちばしに細い枝をくわえ、木の穴《あな》の中にその枝を入れて、中にいる幼虫《ようちゅう》に細い枝をかみつかせて引きずり出す「釣《つ》り」をします。また、トゲのある葉っぱ（道具）を使って、植物の葉のつけ根にひそんでいる虫をほじくり出すこともあります。

しかもこのとき使われる葉は、カラスの手づくりです。カレドニアガラスは自分の使いやすい形に葉を切り出すことができるのです。エサが少ない環境《かんきょう》の中で身につけたこうした道具づくりの文化は、親から子へと伝承《でんしょう》されています。

（左巻《さまき》　健男《たけお》『図解　身近にあふれる「生き物」が３時間でわかる本』による。）

【文章②】

カラスには食べ物を隠《かく》しておく習性がある。これを「貯食行動《ちょしょくこうどう》」という。自然界では、食べ物がたくさんある時、あまりないとき、あるいはまったくない時など常に変化している。この習性は、そのような変化を乗り切るのに有効である。また、子育ての季節に一度にたくさんの食物を入手できた場合、あちこちに隠しておけば、腹《はら》のすいたヒナへの給餌《きゅうじ》に有効である。カラスの記憶力《きおくりょく》からみて、貯蔵《ちょぞう》された食物の大部分が利用されると考えられる。木の実などで忘《わす》れ去《さ》られたものには芽を出すものもあるだろうから、無駄《むだ》になるものはほとんどない、といえる。

一九八四年九月には、信州大学の後藤《ごとう》二花氏により「長野県善光寺《ぜんこうじ》に生息するハシボソガラスの貯食行動」なる、およそ以下のような研究が発表された。「善光寺を縄張りとするつがいのカラスに対し、縄張り内の二か所に餌場《えさば》を設け、パンやウインナ、卵焼《たまごや》き、クルミなどの餌《えさ》を与《あた》えて貯食行動を観察した。．．．貯食場所は一一四か所も観察され、落ち葉の積もった地面、草地、木の根元、マツの木の葉陰《はかげ》などで、特定の場所のみを利用することはなく、縄張り内に広く分散させていた。．．．貯蔵場所は雪のない時期には地上、積雪のある時期はすべて樹上《じゅじょう》というように、後で掘《ほ》り起《お》こして利用することも考えている。．．．食物の貯蔵期間は、ウインナや卵焼き、さつま揚《あ》げなどの生ものは、半数以上がその日のうちに利用され、残りの大部分は三日以内に食べられ、平均保存《ほぞん》期間は一・九五日である。ところがパンでは平均二・四三日、クルミのようなものはほとんどが十日以上、平均十三・六日、中には二か月も保存された。善光寺のカラスは、単に食物を貯蔵するだけではなく、何が腐《くさ》りやすく何が長期保存に耐《た》えられるかといった餌の性質をも知っているようである。しかも、貯蔵場所を記憶《きおく》していただけでなく、どこに何を隠したのかも理解していたようである」と。

食物を隠して、憶《おぼ》えて、探《さが》して食べる。それも腐りやすいものから．．．。あらためてカラスの能力には驚《おどろ》かされる。まさに驚異《きょうい》である。

（今泉《いまいずみ》　忠明《ただあき》『カラス狂騒曲《きょうそうきょく》―行動と生態の不思議―』による。）

（注）給餌　＝　えさを与えること。
　　　樹上　＝　木の上。
　　　葉陰　＝　葉がかさなりあってできる暗い場所。

【グループでの話し合いの様子】

田口

カラスが枝や葉という道具を使うことに感心したよ。

山田

カラスの「貯食行動」って初めて聞いたよ。簡単に言うと、食べ物をかくしておくことだよね。

中川

でも、どうして「貯食行動」を行うのかな。

山田

【文章①】のカラスが道具を使うのは親から子へと伝しょうされている文化で、**【文章②】**のカラスが「貯食行動」をするのは習性よね。

中川

住んでいるかん境がちがうから、道具を使ったり、「貯食行動」を行ったりすると考えたんだけど、どうかな。

田口

おもしろい考えだね。でも、中川さんの考えを確かめるには、もっと調べてみないといけないね。みんなでもう少し調べてみよう。

一　カラスが「貯食行動」を行う理由を**【文章②】**を参考にして説明しましょう。

二　**【グループでの話し合いの様子】**で、中川さんは、かん境のちがいが行動のちがいに結びついていると考えています。中川さんの考えを確かめるには、あなたならどのようなことを調べますか。**【文章①】**と**【文章②】**の内容をふまえて、調べる内容とその理由を、次の**〈条件〉**に合わせて書きましょう。

〈条件〉　○　**原こう用紙の使い方に注意して、百字以上、百二十字以内にまとめて書くこと。題や氏名を書かないで、本文だけ書くこと。**

令和三年度　滋賀県立中学校　入学者選抜　作文

（40分）

【１枚目】

受検番号

1　上田さんは国語の授業で、「自分の考えを伝える」ことについて学習しました。そこで、日常で使っている「言葉」について興味をもち、学校の図書室で調べています。
次の【文章①】、【文章②】、【文章③】をよく読んで、あとの問いに答えましょう。

【文章①】

ことばは私《わたし》たちの日常の世界のことがらを表したり、伝えたりするだけでなく、自分で新しい世界を生みだしていく力を持っています。

「歌ウ」ということばを考えてみましょう。だれでもよく知っていることばです。そして「太郎《たろう》クンガ歌ッタ」というように、私たちはこのことばを日常ごくふつうに使っています。人間についてばかりでなく「小鳥ガ歌ウ」ともいいます。そして、なんとなくかわいい表現だと感じるでしょう。「小川ガ歌ウ」などともいいます。「森ガ歌ウ」—吹《ふ》きぬける風を葉や枝で受けとめて、楽器を鳴らしているように思える森を想像してみればよいでしょう。小鳥も小川も森も、そしてもちろん人間も歌うのですから、大地だって歌います。「大地ガ歌ウ」—大地では一大合唱が行われているわけです。

石だって歌うことができます。海岸で波に洗《あら》われて転がりながら音を立てている石を見て、「石ガ歌ウ」と言ってもよいでしょう。

煙《けむり》だって、光だって、歌うはずです。どのような新しい世界がみなさんには見えてくるでしょうか。

（池上《いけがみ》　嘉彦《よしひこ》『ふしぎなことば　ことばのふしぎ』筑摩書房による。）

（注）一大合唱　＝　一つの大きな合唱。

【文章②】

人間の「ことば」は、「ここ」「いま」のことがらをはるかに越《こ》えて、過去のことも、未来のことも、そしてじっさいにはありえない想像上のことであっても、表し、伝えることができます。人間は「ことば」を学ばなければならない代わりに、学べば学ぶほど、新しい言いまわしを身につければつけるほど、世界が広くなっていきます。そして、さらにすすんで、もし新しい外国語を身につけたとしたら、私たちの世界はどれほど広くなることでしょうか。私たちのほうでその気になれば、人間の「ことば」は私たちをいくらでも広い世界へと連れていってくれます。

私たちがなんの気なしに使っている「ことば」—その「ことば」は、私たちにとってほんとうに、深い深いかかわりをもっているのです。

（池上《いけがみ》　嘉彦《よしひこ》『ふしぎなことば　ことばのふしぎ』筑摩書房による。）

【文章③】

私たち人間は言葉を使って考え、自分以外の人たちとコミュニケーションをとります。そして誰《だれ》かとつながるとき、声を使った会話から文字を使った文章、詩、俳句《はいく》までいろいろな伝え方があります。自分の感じたことや思っていることが言葉となって発信され、それが誰か別の人に伝わって相手の心を揺《ゆ》り動かしたり、お互《たが》いを理解し合ったりすることができる。素敵《すてき》なことだと思いませんか。それは今この瞬間《しゅんかん》の、北海道と沖縄のように離《はな》れたところにいる人が思いを伝え合い共有するということだけでなく、時代を超《こ》えて思いを共有するということも意味します。例えば、次の短歌からそのことを考えてみましょう。

逢《あ》ひ《い》見ての　のちの心に　くらぶれば　昔は物を　思は《わ》ざりけり

小倉百人一首でなじみがある人も多いかもしれませんね。権中納言《ごんちゅうなごん》敦忠《あつただ》の作です。「あなたと逢ったあとの自分の心と比べると、昔はなにも思わなかったようなものだ」（『ちはやと覚える百人一首』あんの秀子《ひでこ》著《ちょ》）が歌の意味です。誰かのことを好きでたまらなく思うという経験をしたことがある人ならばこの気持ちに共感できると思います。しかも今から千年以上も前の人も同じような気持ちを持って生きていて、そして現代を生きる私たちが知ることができる、そう考えるとスゴイですよね。さらに言えば時間を超えて「誰かが誰かに恋《こい》している」、その思いを共有できたことになります。

言葉は人間にだけ与《あた》えられた高度な能力です。これから、もっともっとたくさんの言葉や様々な表現の仕方を学んで、自分の思いを言葉にして表現し、他の人の思いを理解できたら、そうして人とつながっていけたら……。そう考えるだけでワクワクしてきませんか。

（宮下《みやした》　聡《さとし》『中学生になったら』岩波ジュニア新書による。）

（注）権中納言敦忠　＝　藤原敦忠《ふじわらのあつただ》のこと。平安時代の歌人。

一　上田さんは、【文章③】の———線部「言葉は人間にだけ与えられた高度な能力です」に注目し、人間の言葉がなぜ高度な能力なのかまとめようとしました。あなたならどのようにまとめますか。【文章①】、【文章②】、【文章③】の内容をふまえて書きましょう。

二　上田さんは、「自分の考えを伝える」ことについて学習したことを、これからの中学校生活の中で生かそうと考えています。あなたならどのように生かそうと考えますか。次の〈条件〉に合わせて書きましょう。

〈条件〉
- ○　**【文章①】、【文章②】、【文章③】のうち、少なくとも一つの内容にふれながら書くこと。**
- ○　**原こう用紙の使い方に注意して、百字以上、百二十字以内にまとめて書くこと。題や氏名を書かないで、本文だけ書くこと。**

令和２年度　滋賀県立中学校　入学者選抜

適性検査　解答用紙

受検番号	

（配点非公表）

1

1

到着時刻　午前　時　分　秒

理由

2

のりしろのはば　ｃｍ

間かく　ｃｍ

3

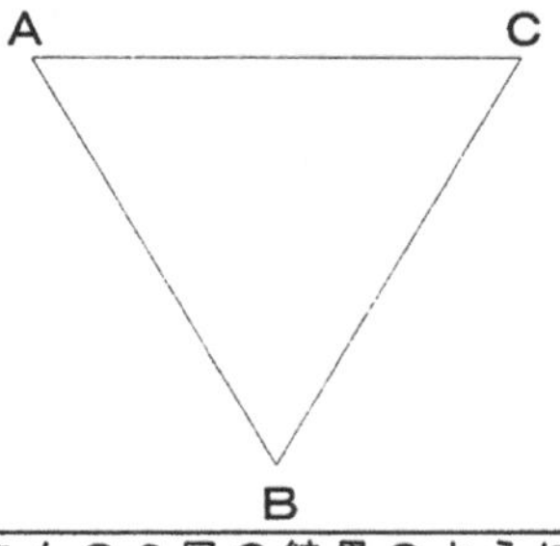

4

	こうた	はるか	すすむ	はるみ	あきお
1回目	2	0	1	7	2
2回目	4	7	2	1	4
3回目	0	2	4	1	2
4回目	4	2	2	4	0
5回目	2				
6回目	1				7

5

（１）　なつみさんの３回の結果のようにほぼ同じにならなかった理由

（２）　正しいとは言えない理由

実験方法をどのように変えるか

2

1

2

3　（１）

（２）

4　（１）

（２）

令和二年度　滋賀県立中学校　入学者選抜

作文　解答用紙

受検番号

（配点非公表）

1

一

二

120字　100字

2

一

二

テーマ

テーマ設定の理由

140字　120字

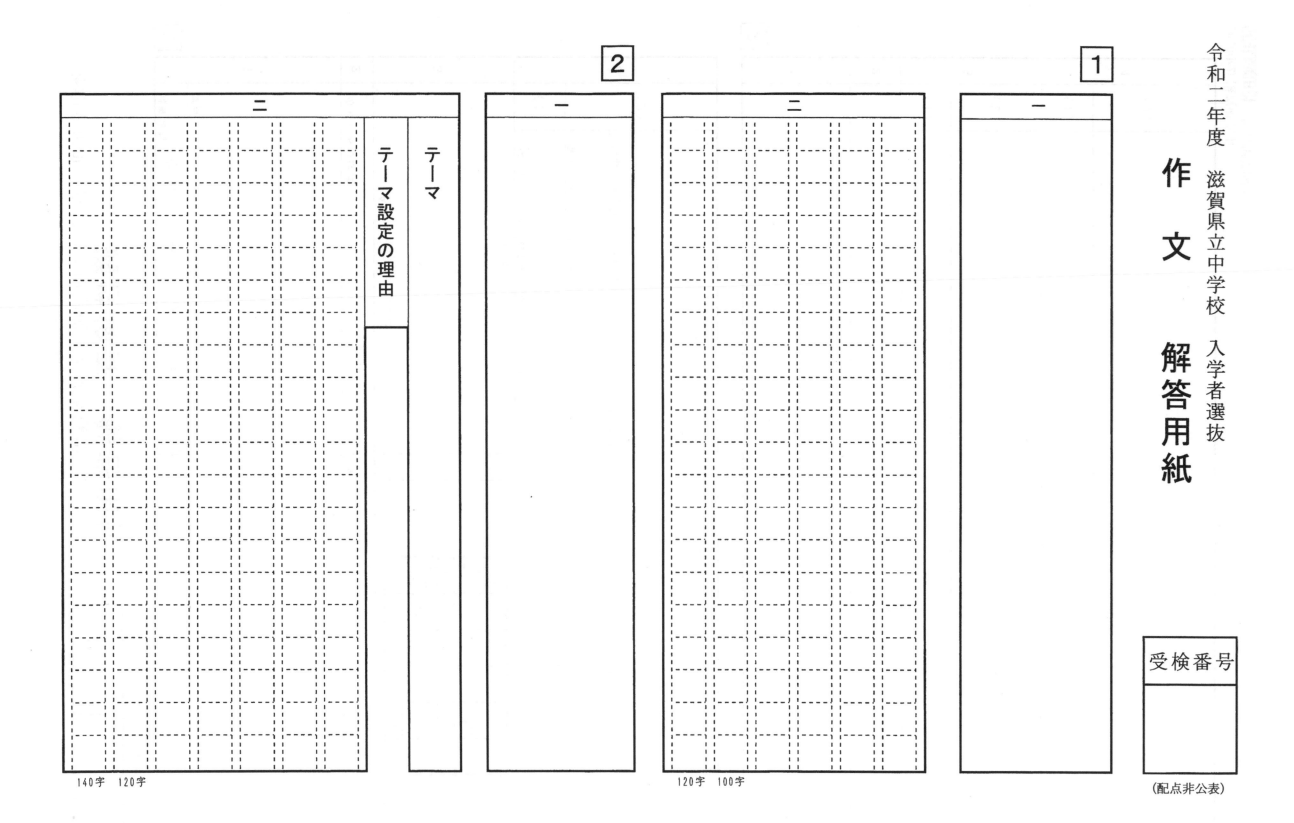

受検番号	

【２枚目】

2　学校で環境《かんきょう》について学習した**はるみさん**は，環境のことを考えたものやくふうに興味をもち，近所のスーパーマーケットで調べることにしました。

電球売り場でＬＥＤ電球と電球型蛍光灯《けいこうとう》を比べた**表**を見た**はるみさん**は，ＬＥＤ電球のほうが長く使え，電気代が安いことを知り，省エネルギーにつながると考えました。しかし，ＬＥＤ電球は値段《ねだん》が高いことに気がつきました。

1　**はるみさん**は，**表**をもとに考えたところ，５年間使用し６年目に入るとＬＥＤ電球を使ったほうが費用が少なくてすむことが分かりました。そのように考えた理由を言葉や数，式などを使って説明しましょう。

ただし，値段，使える年数，１年間の電気代は，**表**のとおりとなるものとします。

表

どちらを使いますか？

LED電球と電球型蛍光灯

	LED電球	電球型蛍光灯
値段	3，000円	800円
使える年数	10年	2年6か月
1年間の電気代	400円	600円

（1日に6時間使用した場合）

2　**はるみさん**は，文具売り場で環境に関するマークのついている商品をさがしています。環境保全に役立つと認《みと》められた商品につけられている**エコマーク**のほかに，**ア**や**イ**のマークも見つけました。**ア**や**イ**のマークが共通してよびかけていることは，どのようなことか書きましょう。

エコマーク　ア　イ

3　**はるみさん**は，野菜売り場で，同じ野菜でも**写真１**や**写真２**のように異《こと》なった売り方がされていることに疑問《ぎもん》をもち，**店員さん**に理由をたずねました。

写真1

写真2

はるみさん：同じ野菜なのにどうして売り方がちがうのですか。

店員さん：わたしたちの店では，いろいろなお客さんの要望に応えられるようにくふうしているんだよ。

はるみさん：自分が使う分量だけ買うことで，［　　　※　　　］から，環境にやさしいくらしにもつながりますね。

店員さん：宮崎《みやざき》県や北海道などから長きょりの輸送をするときには，船や鉄道を使うこともあるよ。輸送方法をくふうすることは，地球環境のことを考えることにもつながるんだよ。

(1)　上の会話文の［　※　］に入る，ふさわしい内容を書きましょう。

(2)　図のように長きょりの輸送方法をくふうすることが，地球環境のことを考えることにつながるのはなぜですか。**グラフ１**，**グラフ２**をもとに説明しましょう。

図　店員さんが教えてくれた長きょりの輸送方法

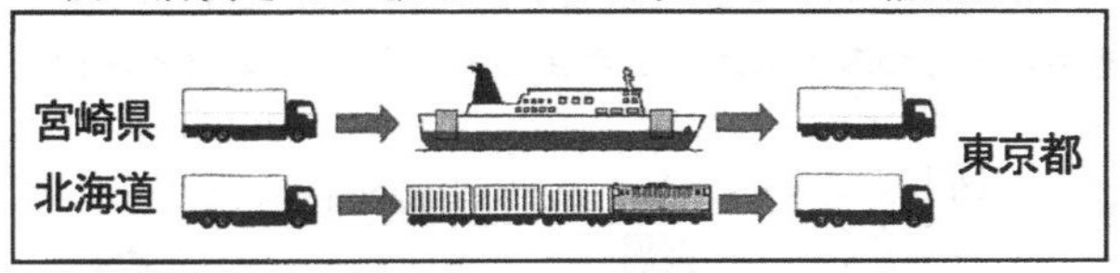

グラフ1　国内貨物輸送量（平成29年度）

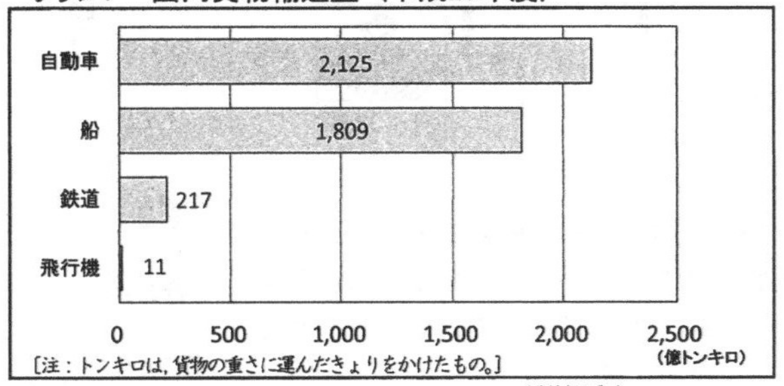

（日本国勢図会《にほんこくせいずえ》2019/20より作成）

グラフ2　貨物輸送機関別　二酸化炭素排出《はいしゅつ》量の割合《わりあい》（平成29年度）

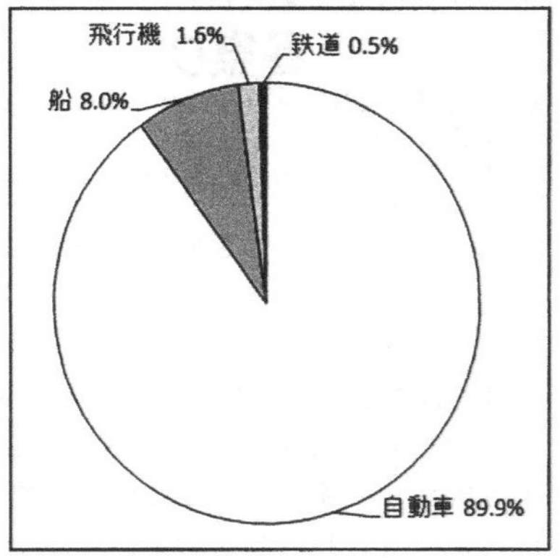

（国土交通省の資料より作成）

4　**はるみさん**は，スーパーマーケットの出入り口に，「３Ｒ（Reduce《リデュース》・Reuse《リユース》・Recycle《リサイクル》）」を啓発《けいはつ》する**ポスター**がはられているのを見つけました。

(1)　**ポスター**を参考に，「リユース」についてあなたができることを具体的に１つ書きましょう。

(2)　家に帰った**はるみさん**は，自分たちが出しているごみの量が気になり，学校で学習したことと新しく見つけた**グラフ3**から，ごみの処理《しょり》についてもう一度考えてみました。**ポスター**，**はるみさんが学校で学習したこと**，**グラフ３**をもとに，ごみ処理について分かることと，今後わたしたちが進めていかなくてはいけないことについて説明しましょう。

ポスター

（リデュース・リユース・リサイクル推進《すいしん》協議会ポスターによる）

はるみさんが学校で学習したこと

○せいそう工場から出されたはいや，リサイクルできなかったものなどは，処分《しょぶん》場に運ばれる。

全国の処分場のようす（平成28年度）

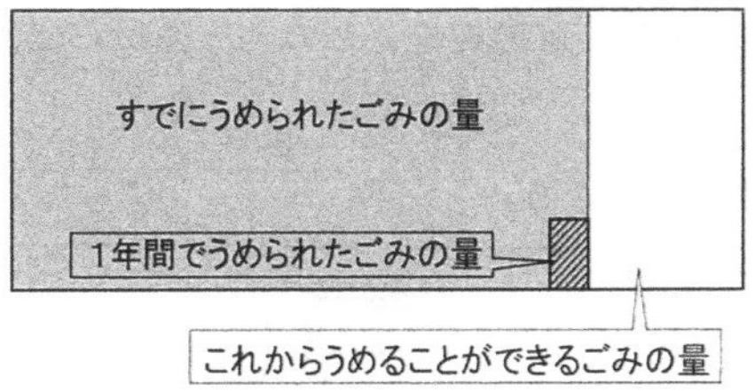

（環境省の資料より作成）

グラフ3　ごみの総排出量とリサイクル率

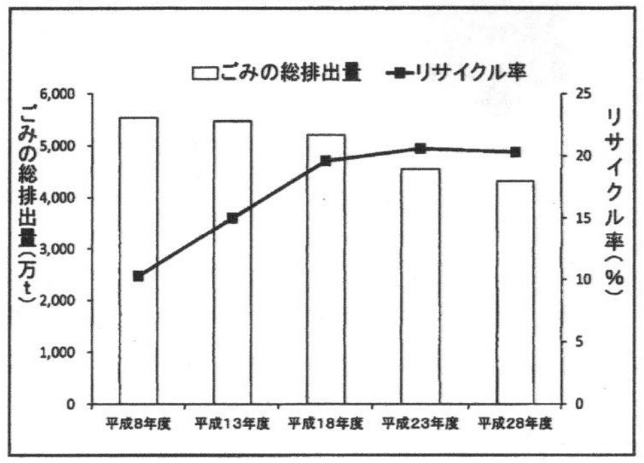

（リサイクルデータブック2019より作成）

令和２年度　滋賀県立中学校　入学者選抜　適性検査　問題用紙

受検番号	

【１枚目】

(40分)

1　６年生の**はるきさん**と**なつみさん**の住んでいる地域《ちいき》では，地域の子どもたちが楽しめる冬祭りを毎年開さいしています。**はるきさん**と**なつみさん**は，６年生として祭りの準備と進行を行う係になりました。

冬祭り
日時：１月19日（日）９時～12時　場所：公民館
・展示《てんじ》コーナー
わたしのお気に入りの絵を見てください
・ゲームコーナー
おはじきをはじいて高得点を目指そう
・おもちゃコーナー
ふりこを使っておもちゃを作ろう

図1

はるきさんは，冬祭りの準備のため，午前７時30分に家を出ます。公民館までの道すじは**図１**のとおりで，公民館までには，途中《とちゅう》に歩行者用信号が１カ所あり，**図２**のように信号が変わります。信号が赤の時や青が点めつしている時は，横断歩道の前で青になるまで待ちます。

図2

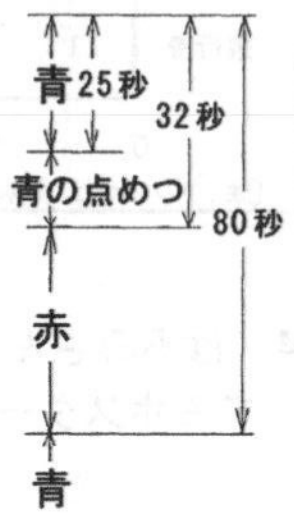

1　**はるきさん**が，家を午前７時30分ちょうどに出発したとき，公民館に到着《とうちゃく》する時刻《じこく》を答えましょう。また，そう考えた理由を言葉や数，式などを使って説明しましょう。ただし，**はるきさん**の歩く速さは分速60ｍで一定とし，歩行者用信号は午前７時30分ちょうどに青になることとします。

はるきさんが公民館に到着すると，**なつみさん**たちは，地域の子どもたちがかいた16枚《まい》の「お気に入りの絵」をはる準備をしていました。絵をはる場所は横はばが383.6㎝あったので，まず，そこに**図３**のように，横の長さが78.8㎝の台紙をはしからはしまですき間なくはろうと考えました。台紙を５枚準備し，のりしろをすべて同じはばにして台紙と台紙をはり合わせました。さらに，横の長さが21㎝の絵16枚を，はり合わせた台紙のはしと絵，絵と絵の横の間かくがすべて同じになるようにはりました。

図3

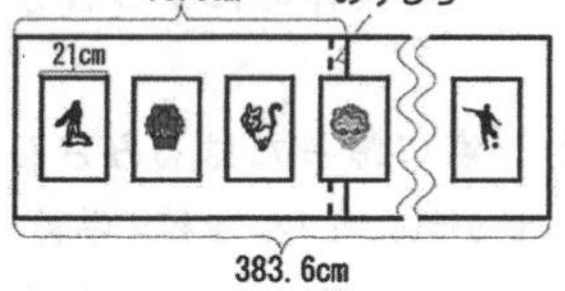

2　台紙ののりしろ１つ分のはばと，絵と絵の横の間かくをそれぞれ答えましょう。

はるきさんは，**図４**のようなかざりを作ります。まず，正六角形の紙を**図５**のように折っていって正三角形にし，その頂点《ちょうてん》をそれぞれ**Ａ**，**Ｂ**，**Ｃ**とします。次に，いずれか一辺の一部を，はさみで切り取ることとします。

図4

図5

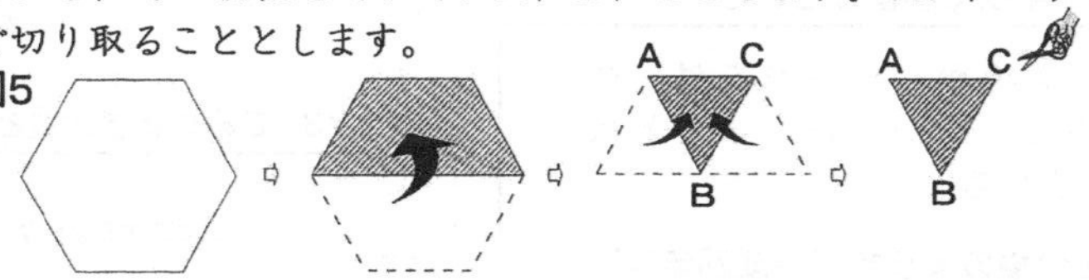

3　**図４**のかざりを作るには，**図５**のように折った正三角形のどの辺を，どのように切ればよいか，かきましょう。

冬祭りが始まると，ゲームコーナーでは，**こうたさん**たち５人が次のようなゲームをしています。おはじきをはじくたびに，得点のふだをはりつけて得点表を完成させます。

図6

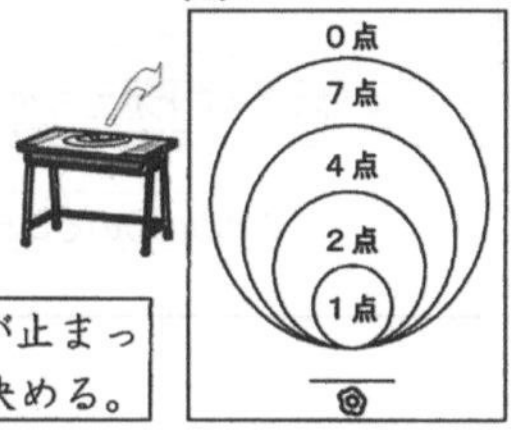

ゲームの説明

図６のように，横線の手前におはじきを置き，指ではじく。おはじきが止まったところの点数が自分の得点となる。１人につき６回の合計点で順位を決める。

ゲーム終了《しゅうりょう》後，５人で得点表を持って写真をとろうとしたところ，得点のふだを落としてしまい，**図７**のように一部の得点が分からなくなってしまいました。ふだをもとにもどすため５人は覚えていることを話し合いました。

５回目は全員の得点がちがったね。
６回目も全員の得点がちがったね。
こうたさんの合計と同じ合計の人がいたね。
全員６回中少なくとも１回は０点を出したね。
あきおさんが５回目で１位に追いつき，６回目で逆転し，ゆう勝したね。

図7

得点表

	こうた	はるか	すすむ	はるみ	あきお
1回目	2	0	1	7	2
2回目	4	7	2	1	4
3回目	0	2	4	1	2
4回目	4	2	2	4	0
5回目	2				
6回目	1				7

4　５人の話し合いをもとに，**図７**のあいている得点をすべて答えましょう。

おもちゃコーナーでは，４年生の２人がおもりの重さのちがうふりこのおもちゃを作り，**図８**のようにゆらして遊びました。その様子を見ていた**はるきさん**と**なつみさん**には，おもりの重さやふれる角度がちがうふりこのおもちゃが１往復する時間は同じように見えました。そのことを確かめるため，次の日に**はるきさん**と**なつみさん**は，学校でふりこの**実験**をしました。

図8

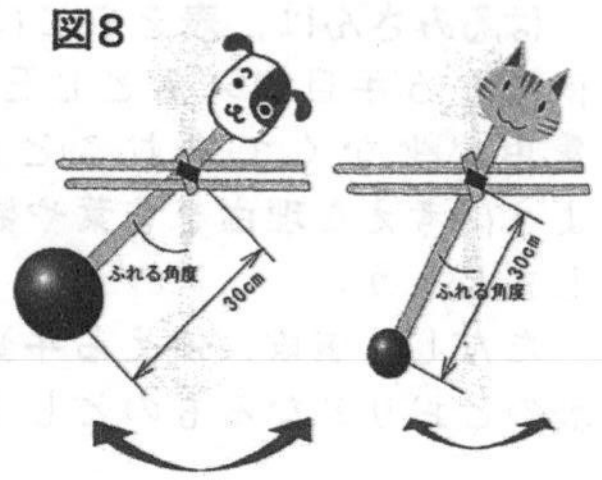

実験

①　**図ア**のように長さ30㎝，おもりの重さ60ｇのふりこが，ふれる角度30°で１往復する時間をストップウォッチを使って調べる。
②　**図イ**のように長さ30㎝，おもりの重さ30ｇのふりこが，ふれる角度15°で１往復する時間をストップウォッチを使って調べる。
※ふれる角度 ＝ 止まっているところから手でおもりを持ち上げてできる角度

図ア

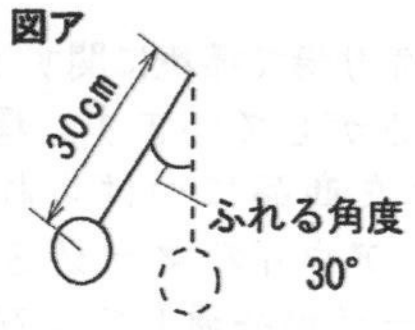

おもりの重さ60ｇ

図イ

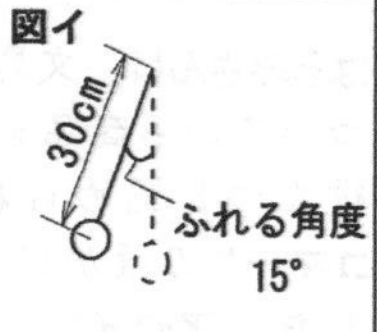

おもりの重さ30ｇ

実験①で，**はるきさん**は１往復する時間を３回はかり，**なつみさん**は10往復する時間をはかって10でわるという作業を３回行い，結果を**表**にまとめました。

はるきさん：なつみさんの３回の結果はほぼ同じなのに，どうして，わたしの３回の結果は，いろいろちがっているのかな。

表

	1回目	2回目	3回目
はるきさんの結果（秒）	1.20	0.83	1.08
なつみさんの結果（秒）	1.09	1.10	1.11

5 (1)　**はるきさん**の３回の結果が，**なつみさん**の３回の結果のようにほぼ同じにならなかった理由を答えましょう。

はるきさん：**なつみさん**のはかり方のほうがばらつきが少ないので，次は**なつみさん**のはかり方ではかってみよう。

次に，**実験②**で**はるきさん**が，**実験①**のときの**なつみさん**のはかり方を用いて行うと，１往復する時間の３回の平均は，**なつみさん**の**実験①**の結果の平均と同じ1.10秒になりました。

はるきさん：おもりの重さが30ｇでも60ｇでも，ふれる角度が15°でも30°でも，ふりこが１往復する時間には関係がなかったね。だから，ふりこを使ったおもちゃも１往復する時間は同じだったんだね。

なつみさん：でも，この**実験**だけでは，**はるきさん**が考えたことは正しいとは言えないんじゃないかな。

(2)　**なつみさん**は，なぜ正しいとは言えないと考えたのでしょうか。その理由を説明しましょう。また，実験方法をどのように変えれば，**はるきさん**が言っていることを確かめる実験になるか答えましょう。

教英出版　適性2の1

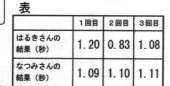

2

【2枚目】

受検番号

宮田さんのクラスでは、総合的な学習の時間に、身のまわりで起こっている課題を見つけ、その解決に向けた取り組みについてグループごとに調べ学習を行います。そこで、図書室で調べた本をもとに、グループで話し合いをしています。**【文章】**、**【資料】**、**【グループの話し合い】**をよく読んで、あとの問いに答えましょう。

【文章】

（佐藤《さとう》 洋一郎《よういちろう》『森と田んぼの危機《クライシス》』朝日新聞出版による。）

（注）雄株　＝　雄花のみをつける株。
素因　＝　原因。
生態学　＝　生物と生物や、生物と環境との関係などに関する学問。
かく乱　＝　かきみだすこと。

【資料】

自分たちの手で里山を守る

里山の自然は、人が手をくわえることで守られてきました。しかし最近では、人と自然のかかわりがうすれ、手をくわえることが少なくなり、里山の自然はうしなわれつつあります。そして、人間も自然とのふれあいが少なくなったために、自然のめぐみをかんじとることが減ってきました。

そこで、ふたたび人と自然のかかわりをとりもどすための運動がはじまっています。それが市民の参加による里山の管理です。よい木を育てるために幼《おさな》い木のまわりの雑草をかりとったり、うっそうとしげって日光をさえぎっているような木をとりのぞいたりする活動がはじまったのです。

こうした市民の手がはいった里山の雑木林には、ふたたび明るい光がさしこむようになり、林の地表でそだつランやスミレの仲間などの植物が、おどろくほど増えています。それは、虫や鳥たちをよびもどすことになります。

新しい技術で木材を活用

里地や里山は、日本の国土の約40％をしめているといわれています。これだけの面積をもった里地や里山のすべてを、市民の力だけで管理することはとてもできません。

そこで、里山の木々を利用する動きがうまれつつあります。日本はこれだけ森林資源《しげん》にめぐまれていながら、価格がやすいという理由で、木材の約80％を海外から輸入しています。ですから、なるべく国内にある森林資源を利用するようにかえていくことが、地球全体の環境を守っていくうえでもたいせつなのです。

また、石油などにたよったエネルギーを見直すためにも、森林資源に注目すべきです。

里山で育てられた木は、ふぞろいなので加工するのに、手間がかかるといわれてきました。

しかし、最近では木材をうすい板や角材にし、はりあわせて集成材にする技術が進歩しました。また、今まで捨《す》てられていた木のくずやおがくずなどをかためて木製のペレットに加工して、ストーブの燃料や、工場などの施設《しせつ》の発電につかう燃料などにも利用されるようになりました。

（武内《たけうち》 和彦《かずひこ》・宮下《みやした》 直《ただし》『考えよう地球環境4　人と自然の本』による。）

（注）里地　＝　里山とその周辺にある農地や集落などを含《ふく》めた地域《ちいき》。
　　　ペレット　＝　小さなつぶの形をしたもの。

【グループの話し合い】

宮田　**【文章】**では、わたしたち人間にとってこまることが説明されているね。

竹村　**【文章】**には、「森を管理する力が、現在の日本の社会にはもうない。」と書かれているよ。解決することができないかな。

川口　でも、**【資料】**では、市民の参加による里山の管理のことや、新しい技術を使って森林を資源として活用する例が、しょうかいされているね。他にわたしたちにもできることを調べたいね。

宮田　そうだね。これからは、**【資料】**の例のような取り組みなどがますます必要になってくるし、わたしたち一人ひとりが関心を持っていく必要があるね。

竹村　じゃ、まず、調べ学習のテーマを決めて、そのテーマをもとに、どのようなことを調べるか整理しよう。

一　**【グループの話し合い】**の中で宮田さんは、「**【文章】**では、わたしたち人間にとってこまることが説明されている」と言っています。その内容をまとめましょう。

二　宮田さんたちは、グループで話し合ったあと、**【文章】**と**【資料】**の内容をふまえ、調べ学習の「テーマ」と「テーマ設定の理由」をまとめてクラスで発表します。あなたなら、どのような「テーマ」と「テーマ設定の理由」を考えますか。その内容を、次の〈**条件**〉に合わせて書きましょう。

〈**条件**〉○　**自分の体験にふれながら書くこと。**
○　**「テーマ設定の理由」は、原こう用紙の使い方に注意して、百二十字以上、百四十字以内にまとめて書くこと。**

令和二年度　滋賀県立中学校　入学者選抜　作文

（40分）

【１枚目】

受検番号

1　木田さんは、国語の学習で、読書をすることのよさについて、クラスのみんなに説明するため、参考になる本を地域《ちいき》の図書館で見つけ、読んでいます。
次の【文章①】と【文章②】をよく読んで、あとの問いに答えましょう。

【文章①】

みなさんは、本をどれくらい読んでいますか？　本を読まなくてもインターネットや携帯《けいたい》電話でいろいろな情報は手に入りますが、しっかりまとまった知識を得る手段《しゅだん》としては、本のほうが優《すぐ》れています。

感性を豊かにし、自分なりのものの考え方や価値《かち》観を形づくるうえで、読書はその材料をたくさん提供《ていきょう》してくれます。

小さいころは本が好きでも、成長するにつれて本を読まなくなってしまう人は少なくありません。それはとてももったいないことです。

本が苦手だなと思っている人は、無理に「ためになる本」を読もうと思わずに、まずは「面白《おもしろ》い本」を見つけて読んでみましょう。ワクワクするストーリーの本など、面白い本を夢中になって読むという経験をすると、本を読むことが好きになってくるはずです。

本が好きになるための入り口としては、漫画《まんが》も悪くありません。日本の漫画のレベルは世界的に見ても非常に高く、ストーリー性の豊かな長編や、社会問題をたくみに描《えが》いたものなどがたくさんあります。漫画だけにとどまっていないで、漫画から興味を広げて、活字の本の面白さを味わってみましょう。

本が好きになったら、ぜひ古典にふれてほしいと思います。読書といっても、次々とベストセラーや話題の本ばかりを読み捨《す》てていては、人生は豊かになりません。古典は、時代が変わっても生き残っているだけの価値があるものが多いのです。

限られた読書の時間は、質の高い読書にあてましょう。

限られたおこづかいのなかでたくさんの本を買うのは難《むずか》しいですが、そういうときこそ、図書館というありがたい場所を賢《かしこ》く利用しましょう。家族で同じ本を読み、感想を話し合うのもいいことです。

名作は何度読み返してみても、そのときどきの自分の経験によって、前に読んだときには気づかなかった別の顔を見せてくれるので、新鮮《しんせん》に感じられます。

そして、できればただ読むだけでなく、そのなかから心に残る一節を覚えておきましょう。短歌や詩はリズムがよいので、声に出して何度か読んでみると意外と覚えられます。

たとえば『古今集《こきんしゅう》』の歌や蕪村《ぶそん》の俳句《はいく》をいくつか知っているだけで、自然を見る目が敏感《びんかん》になり、その美しさをより深く味わえるようになります。読書は人生に厚みを与《あた》え、人間味を深めてくれます。ぜひ本を読む喜びを味わってみてください。

（坂東《ばんどう》　眞理子《まりこ》『大人になる前に身につけてほしいこと』ＰＨＰ研究所による。）

（注）『古今集』　＝　平安時代の和歌集『古今和歌集《こきんわかしゅう》』のこと。
蕪村　＝　与謝《よさ》蕪村《ぶそん》のこと。江戸《えど》時代の俳人《はいじん》。

【文章②】

読書の原点となるのは、自分の日常のなかに、とにかく一冊《さつ》の本がある、なければ置く、ということであり、ともかくそこに本があるというところから、読書という経験ははじまります。

読書という経験がのこすのは、わかるかわからないか、理解したか理解しなかったかではなくて、そこに本がある、本があったという日々の記憶《きおく》であり、感覚です。

（中略）

そこに本があるというのは、自分の心をうつす鏡を手にすることでもある。逆に言えば、そこに本がないというのは、自分の心をうつす鏡を自分にもっていない。自分が見えない、見えていないということでもあるはずです。

中野重治《なかのしげはる》という作家に、『梨《なし》の花』という、今からちょうど百年前の、二十世紀初めの一人の子どもにとっての世界がどんなだったかを生き生きと語り伝える物語があります。福井《ふくい》の村の一人の子どもの物語ですが、物語の中心にあるのは、一人の子どもにとってかけがえのない経験となってゆく、本に親しむという経験です。

物語の主人公の良平《りょうへい》という子どもは作家自身ですが、そこで繰《く》りかえし語られるのは、本に親しむという経験の真ん中にある、わからないという経験の大切さです。わからない、わからない、だけれども、おもしろいという気もちを一人の子どものなかに育てるのが、本に親しむという経験なんだということです。

（長田《おさだ》　弘《ひろし》『なつかしい時間』岩波新書による。）

一　【文章①】の――――線部に、「感性を豊かにし、自分なりのものの考え方や価値観を形づくるうえで、読書はその材料をたくさん提供してくれます。」とあります。この文から、読書をすることのよさについて、作者が伝えたいと考えていることは、どのようなことだと思いますか。書きましょう。

二　木田さんは、【文章②】の〰〰〰〰線部「そこに本があるというところから、読書という経験ははじまります」が、どのようなことを表しているのか、【文章①】と【文章②】をもとに説明することにしました。あなたならどのように説明しますか。次の〈条件〉に合わせて書きましょう。

〈条件〉　○　**原こう用紙の使い方に注意して、百字以上、百二十字以内にまとめて書くこと。題や氏名を書かないで、本文だけ書くこと。**

平成３１年度　滋賀県立中学校　入学者選抜

適性検査　解答用紙

受検番号	

（配点非公表）

1

1	(1)	
	(2)	
	(3)	水を入れ始めてから　　　　分後に止める。 理由
	(4)	台ふきん作り　　人 / ペン立て作り　　人 / 手洗い場のそうじ　　人 理由
2	(1)	
	(2)	理由 どうしたらふたが開きやすくなるか

2

1	平安時代 / 室町時代
2	（　がわかる資料）
3	
4	プラン 理由

平成三十一年度　滋賀県立中学校　入学者選抜

作文　解答用紙

受検番号

（配点非公表）

1

一

二

120字　100字

2

一

二

140字　120字

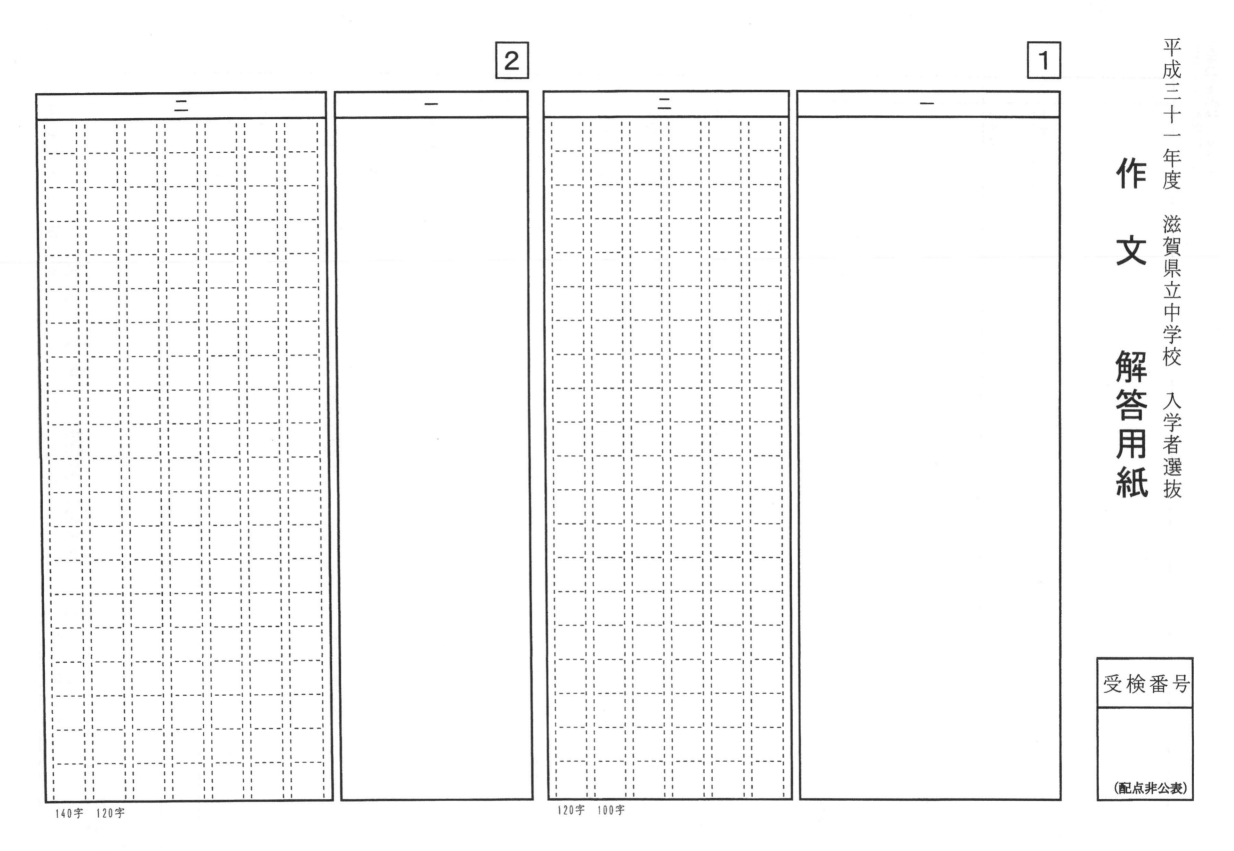

受検番号	

【２枚目】

２　**はるきさん**のクラスでは，校外学習で京都に行くことになり，京都について調べたり滋賀県のよさについて考えたりする学習をしています。

クラスのみんなで，社会科で学習したことやこれまでの体験などをもとに，京都について知っていることをカードに書き出し，分類・整理しました。

その中で**はるきさん**のグループは，京都を中心に発展《はってん》した文化に興味を持ち，教科書から，その時代の特色がわかるキーワードを**カード**に書き出し，分類して**表１**にまとめています。

表１　文化の特色と時代による整理

	平安時代	室町《むろまち》時代
文化の特色	朝廷《ちょうてい》の貴族《きぞく》を中心に，はなやかな日本風の文化が生まれ，発展した。	武士を中心に，現在とつながりの深い文化が生まれ，民しゅうの間にも広まっていった。
関係が深いカード		

１　**カード１**から**６**はそれぞれどちらの時代との関係が深いですか。分類して，１から６の番号で答えましょう。

カード１	カード２	カード３	カード４	カード５	カード６
大和《やまと》絵	寝殿造《しんでんづくり》	水墨画《すいぼくが》	書院造	源氏《げんじ》物語	茶の湯

はるきさん：**カード6**の「茶の湯」は，今も多くの人に親しまれているね。以前，みんなで茶の湯の体験をしたこともあったね。その時，作法だけでなく，茶の種類や茶の産地についても教えていただいたね。

なつみさん：ふだんいただくことが多いせん茶や，茶の湯で使われているまっ茶などをまとめて，緑茶というんだったね。京都府宇治《うじ》市のあたりや滋賀県でも茶がさいばいされていて，そこで生産された茶には，品質がよく，高級茶として有名なものが多いということも先生はおっしゃっていたね。

あきおさん：京都府内と滋賀県内の茶のさいばいがさかんな地域《ちいき》には，茶のさいばいに適した共通の条件があるのかな。

そこで，**はるきさん**たちは，茶のさいばいに適した条件や，品質のよい茶が育つ理由などについて調べるために，茶の研究所に行き，茶のさいばい等にくわしい**林さん**に話を聞きました。

林さん：茶のさいばいには，年間降水《こうすい》量が約1,300mm以上で，特に成長がさかんになる４月から10月の間の降水量が合計1,000mm以上であることが必要とされています。

気温についてみてみると，茶の木の種類によって寒さに対する強さなどはちがいますが，日本でさいばいされている茶は，おおよそ年間の平均気温が13℃以上であること，冬の気温が－12℃以下にならないことが必要であるとされています。気温は下がりすぎてもいけませんが，昼と夜の気温差が大きいと，品質がよくなるといわれています。

また，茶の品質のよさに関係する要因の１つに，日光があります。緑茶は，日光が当たる時間が制限されることで，うまみが増しておいしくなるといわれています。茶のさいばいがさかんな地域は山間部が多く，平野部に比べると１日のうちで日光が当たっている時間が短い傾向《けいこう》があります。

茶の研究所から学校にもどった**はるきさん**たちが，グループで話をしています。

はるきさん：林さんに教えていただいたことが，茶のさいばいがさかんな地域の自然の条件にあっているか，確かめたいね。
ぼくは，京都府内や滋賀県内で茶のさいばいがさかんな地域の年間の平均気温や最低気温，降水量がわかる資料をさがしてみるね。

ふゆこさん：わたしは，品質のよい茶のさいばい条件にあっているかを確かめるために，［　　　※　　　］がわかる資料をさがしてみるね。

２　［　※　］について，どのようなことがわかる資料が必要ですか。**林さん**の話や**はるきさん**と**ふゆこさん**の会話を参考にして，必要だと考えられる資料を書きましょう。

校外学習後，**はるきさん**たちが校外学習で気がついたことについて話し合う中で，たくさんの外国人がお茶と和菓子《わがし》を買って楽しんでいたという話題になりました。

これをきっかけに，滋賀県にももっと大勢の外国人に来てもらいたいと考えて，日本に来た外国人についての資料をさがし，**グラフ１**と**２**を見つけました。

グラフ１　来日が２回目以上の外国人の割合《わりあい》

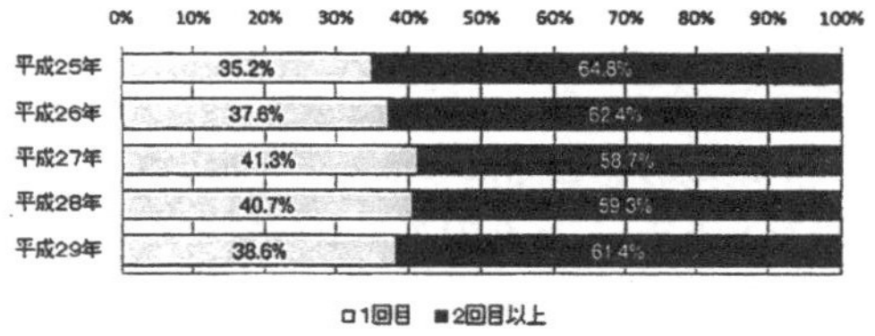

グラフ２　来日が２回目以上の外国人の数

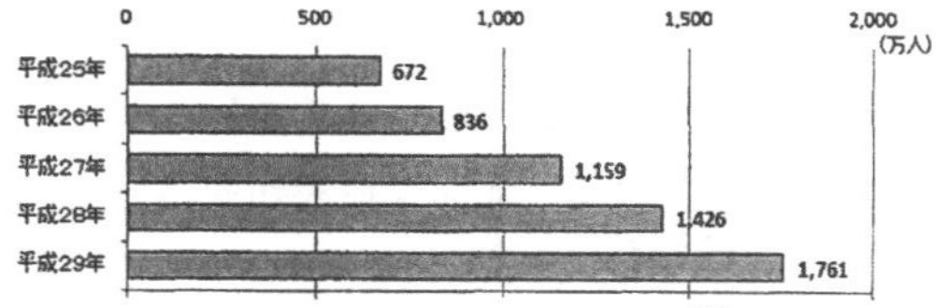

（グラフ１，２は，観光庁《ちょう》の資料より作成）

なつみさん：日本に来た外国人の数が年々増えていることがわかるね。

３　**なつみさん**が，日本に来た外国人の数が年々増えていると考えた理由を説明しましょう。

はるきさん：**グラフ１**や**グラフ２**には，観光を目的とした人だけでなく，仕事などのために日本に来た人の数もふくまれているということだよ。観光を目的にして日本に来る外国人もますます増えていくのかな。

あきおさん：外国人が何を楽しみにして日本に観光に来たのか調べてみたら，**表２**を見つけたよ。

表２　外国人観光客の来日の目的（複数回答）　平成29年

	今回したと答えた人（人）	今回したと答えた人のうち満足した人（人）	次回したいと答えた人（人）
買い物・食事，はんか街の街歩き	76,331	65,408	36,893
自然や景色のすぐれている土地の観光	17,175	15,033	9,762
日本の歴史・伝統文化体験	5,944	5,248	5,790
四季の体感（花見・紅葉《こうよう》・雪など）	2,955	2,610	6,624
自然体験ツアー，農漁村体験	1,494	1,257	3,239

（観光庁の資料より作成）

ふゆこさん：滋賀県には，外国人観光客にも魅《み》力《りょく》的なところがたくさんあるはずだよ。
それを伝えることができれば，大勢の外国人観光客に来てもらうことができると思うな。

はるきさん：４年生の社会科で，わたしたちの住んでいる滋賀県について学習した時，滋賀県には，歴史・文化，自然，神社やお寺など，観光客にとって魅力がたくさんあることを学んだね。
滋賀県ならではのよさを具体的に伝えるために，滋賀県の魅力について新聞で調べ，それを生かして外国人観光客向けのおすすめプランを作ってアピールする，というのはどうだろう。

はるきさんは，滋賀県の観光に関係のある記事の見出しを**メモ**に書き出し，必要な説明を書きたしました。

メモ

ビワイチの魅力を世界へ発信！ **イギリス旅行会社代表ら体験** ・ビワイチ…自転車などでびわ湖を一周すること。目的に合わせてコースを選ぶことができる。	**城下町《じょうかまち》を行く　彦根《ひこね》の人力車** **少し高い目線で景色を楽しむ** ・人力車…客を乗せて，人がひいて走る二輪車のこと。	**三井寺《みいでら》でお点前を体験** **伝統守る教室** ・三井寺…大津市にあるお寺。 ・お点前…「おてまえ」と読む。茶を入れる作法のこと。
信楽焼《しがらきやき》の文化を感じて **「窯元《かまもと》お散歩マップ」リニューアル** ・窯元…陶磁器《とうじき》を窯で焼いて作り出すところ。また，その陶磁器を作る人。 ・リニューアル…新しくすること。	**自然や歴史　魅力を学ぶ** **比良比叡《ひらひえい》トレイル** ・トレイル…英語で自然道のこと。 ・比叡山《ひえいざん》のふん囲気やびわ湖の風景，森林を味わいながら山道を歩くことができる。	**真っ赤なじゅうたん** **滋賀　鶏足寺《けいそくじ》の紅葉** ・鶏足寺…長浜市にあるお寺。 ・約200本のもみじの木があり，紅葉の名所として知られている。

４　滋賀県に来る外国人観光客を増やすために，あなたなら，どのようなプランを作りますか。**メモ**を２枚《まい》選んで考えて書きましょう。また，そのプランがよいと考えた理由を，**表２**の複数の数値《すうち》を比べてわかることをもとに説明しましょう。

平成31年度　滋賀県立中学校　入学者選抜　適性検査　問題用紙

受検番号	

【１枚目】

(40分)

1　６年生の**あきおさん**のクラスでは，卒業前にいろいろな人に感謝の気持ちを伝えたいと考え，お礼の気持ちを伝える活動について計画しています。

【決まっていること】

	１日目	２日目
◇日時：	３月７日(木)　３，４時間目	３月８日(金)　３，４時間目
◇内容：	学校や先生，在校生に感謝の気持ちを伝えることをする。	家族や地域《ちいき》のお世話になった方を招いて，食事をふるまい，お礼のメッセージを送る。

１日目にする内容についてクラスで話し合っています。

はるきさん：在校生や先生へ，何かプレゼントをしたらいいと思います。

なつみさん：プレゼントをするなら，クラスや先生に使ってもらえるものをプレゼントしたら喜ばれると思います。

みさきさん：わたしは学校をきれいにして，みんなに喜んでもらいたいです。

さとしさん：いつもはそうじをしていないところや，よごれが目立つところをきれいにしたらいいと思います。

あきおさん：中庭の池は，ずいぶんよごれてきているのできれいにしたいです。

話し合いの結果，下のように「**すること**」と「**担当《たんとう》する人数**」を決め，グループ分けをしました。

【すること（担当する人数）】

- 各クラスや先生へのプレゼント作り
  - 各クラス用台ふきん（５人）
  - 先生用ペン立て　（８人）
- 手洗《あら》い場のそうじ　（５人）
- 中庭の池のそうじ　（７人）

それぞれのメンバーで協力して作業をしよう。

先生：３時間目にはすぐに作業が始められるように準備しておきましょう。また，作業によっては，早く終わりそうな作業もあるので，早く終わった人は，他の作業を手伝いましょう。

1　１日目に中庭の池のそうじを担当することになった**あきおさん**たちのグループは，下の**図１**のような池のそうじをします。

図１　**上からの図**　　　　**あからの図**　　　　**いからの図**

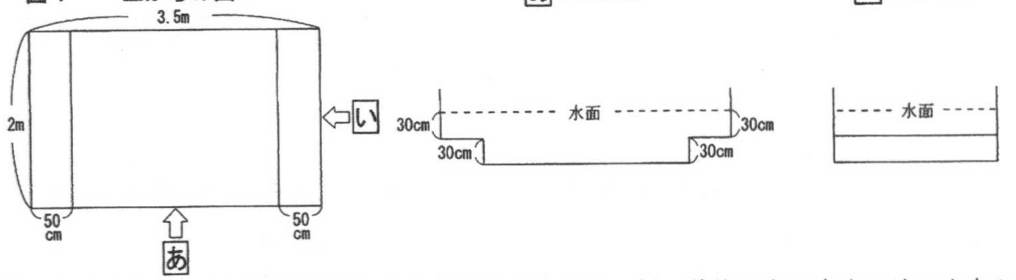

(1)　**あきおさん**たちは３時間目にそうじをするために，朝，学校に来てすぐに池の水をぬき始めることにしました。中庭に行くと池の周りのしばふがぬれていることに気がつきました。しばふがぬれている理由を「水蒸気《すいじょうき》」という言葉を使って説明しましょう。

あきおさん：一昨日から雨も降《ふ》っていないし，水まきもしていないのに，なぜしばふがぬれているのだろう。

(2)　**あきおさん**たちは池の水をぬき始めました。水は池の底から毎分同じ量がぬけるものとして考え，どれくらいの時間で水がぬけるのか予想しています。この池の水の深さと時間の関係を表したグラフとして最も適当なものを次の**ア**から**エ**の中から１つ選び，記号で答えましょう。

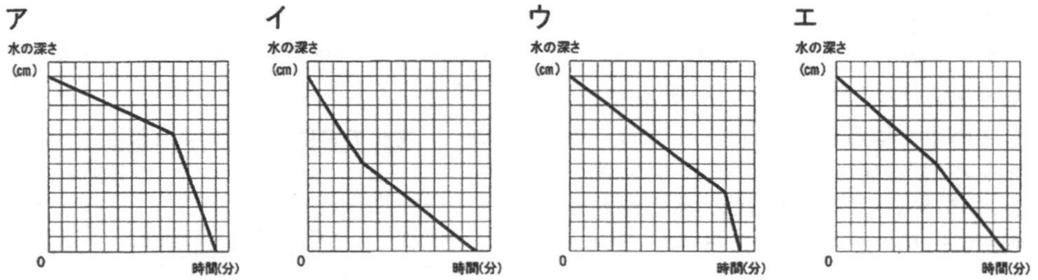

(3)　３時間目になり，**あきおさん**たちは水をぬいた池のそうじを始めました。そうじをした後，水の深さがもとの水面の高さと同じになるように水を入れることにしました。水を入れ始めたところ，２分後に水の深さが１cmになりました。**あきおさん**たちは，水を入れ始めてから何分後に水を止めなければいけないでしょうか。また，そう考えた理由を言葉や数，式などを使って説明しましょう。ただし，水が入る量は毎分同じ量であるものとします。

あきおさんたちが中庭の池のそうじを終えて教室にもどったのは，４時間目の終わりまで残り30分になった時でした。その時の他の作業の**進み具合**は下のとおりでした。

進み具合

台ふきん作り・・・・・・・・・20クラス分作るうち，15クラス分が完成している。
ペン立て作り・・・・・・・・・先生32人分作るうち，20人分が完成している。
手洗い場のそうじ　・・・・・８か所のうち，４か所までできている。
※３，４時間目はそれぞれ45分とし，間の５分休みの時間は作業をしないで休んでいたものとする。

(4)　**あきおさん**たち７人は，時間内に全ての作業を終わらせるために，分担して他の作業を手伝うことにしました。全ての作業を時間内に終わらせるためには，どの作業を何人ずつ手伝うとよいでしょうか。台ふきん作り，ペン立て作り，手洗い場のそうじそれぞれの作業を手伝う人数を答えましょう。また，そう考えた理由を言葉や数，式などを使って説明しましょう。ただし，一人ひとりの作業にかかる時間の個人差は考えないものとします。

2　２日目は，家族や地域の方を招いて感謝の気持ちを伝える会をしました。

みさきさん：いつもお世話になっている家族や地域の方に喜んでもらいたいね。

さとしさん：ぼくたちの作った料理で一緒《いっしょ》に食事を楽しんでもらえるといいね。

みそしるの材料

水　みそ　にぼし
あぶらあげ　ねぎ　だいこん

(1)　**さとしさん**たちのグループは，みそしる作りを担当することになり，右の材料を用意しました。にぼしでだしを取った後，最初にだいこんを入れました。**みさきさん**が，最初にだいこんを入れたらいいと考えたのはなぜでしょうか。理由を書きましょう。

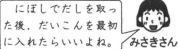

みさきさん：にぼしでだしを取った後，だいこんを最初に入れたらいいよね。

(2)　みそしるを作り終えた**さとしさん**たちは，みそしるが冷めないようになべにふたをしておきました。しばらくしてなべのふたを開けようとしたら，ふたがなべにくっついて開きませんでした。なべのふたが開かなかったのはなぜでしょうか。その理由を書き，どうしたらふたが開きやすくなるか説明しましょう。

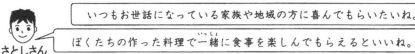

2

木田さんたちの学校では、けい示委員会は校内のけい示物を作ったり点検したりします。今日は、校内のけい示物を見直す話し合いをしています。
あとの問いに答えましょう。

【けい示委員会の話し合い】

委員長：学校の中には、いろいろなけい示物がありますね。全校のみんなにきちんと伝わるものなのか調べてみましょう。

松下：ろうかのかべに、保健室を案内する**【図①】**があるよ。これは低学年の子にわかるかな。

小林：保健室の入り口には**【図②】**の表示があるけど、これはどうかな。ピクトグラムとよばれる絵文字と聞いたことがあるよ。くわしく知るために、説明した本を読んでみよう。

みんなで**【文章①】**を読む。

木田：**【文章①】**を読んで**【図①】**の「保健室」の文字を**【図②】**に変えるとよいと思ったよ。なぜなら、

※

松下：ろうかのけい示板には、卒業生に向けた**【先生からおくる言葉】**がけい示されているよ。「変わるじゃなくて、変える。」には、先生から私たちへの思いがこめられているんだね。

高野：そうだね。絵文字では、思いを伝えることはむずかしいね。

小林：ところで、どんな時にこの言葉を言ったのかな。太田選手の言葉について書かれている**【文章②】**があるから、読んでみようよ。

みんなで**【文章②】**を読む。

木田：なぜ先生がこの言葉を私たちにおくってくれたのか、よくわかったね。

委員長：絵文字で表すことと文字で表すことにはそれぞれのよさがあり、そのよさを生かして伝えたいことを表すといいですね。

【2枚目】

受検番号

【図①】

【図②】

【文章①】

私《わたし》たちが一歩外に出て周りを見回すと、そこには看《かん》板《ばん》や標識などが溢《あふ》れています。これらを構成する主な要素は、文字や図形などです。ほかに、色彩《しきさい》や形状なども大切な要素で、これらは一般的《いっぱんてき》に「サイン」や「マーク」「案内板」などと、さまざまに呼《よ》ばれています。

では、「ピクトグラム(ピクト)」とは一体何でしょうか？　それは「絵文字」とか「絵表示」、あるいは「図記号」とも呼ばれるものですが、一般の方にはまだ耳慣れない言葉だと思います。

（中略）

伝達の目的を果たすためにはその情報が明確に、しかも能率よく理解されることが重要です。例えば、文字を使って記述された文章は「伝達」にはもっとも適していると思われますが、文章は記述する人によって主観が入ったり、表現が異《こと》なったりすることがあり、また読む人の解釈《かいしゃく》に差異《さい》が生じることもしばしばです。文字の読めない人、言語を異《こと》にする人には通用しません。「見ただけでその意味を伝える」、つまり文字ではない図がらの意味が、だれにでも分かることを目的としているのがピクトグラムなのです。

（村越《むらこし》　愛策《あいさく》『絵で表す言葉の世界』による。）

【先生からおくる言葉】

変わるじゃなくて、変える。

北京《ペキン》オリンピック　フェンシング銀メダリスト　太田《おおた》　雄貴《ゆうき》

卒業するみなさんへ

前向きな気持ちで中学校生活を送ってほしいという思いをこめて、卒業するみなさんにこの言葉をおくります。

六年生担任《たんにん》一同

【文章②】

（松原《まつばら》　孝臣《たかおみ》『元気がでる日本人一〇〇人のことば④「スポーツ」いつも全力で』による。）

一　木田さんは、**【けい示委員会の話し合い】**の［※］で、理由を言います。あなたが木田さんなら、どのような理由を言いますか。**【けい示委員会の話し合い】**で取り上げられている内容と**【文章①】**を関係づけて書きましょう。

二　あなたが学校生活の中で、絵文字よりも文字で表す方がよりよく伝えることができるのは、どのような場合ですか。次の〈条件〉に合わせて書きましょう。

〈条件〉○　**【けい示委員会の話し合い】、【文章①】、【文章②】の内容をふまえながら、伝える目的や相手を明らかにして、具体的な例をあげて書くこと。**
○　**原こう用紙の使い方に注意して、百二十字以上、百四十字以内にまとめて書くこと。題や氏名を書かないで、本文だけ書くこと。**

平成三十一年度　滋賀県立中学校　入学者選抜　作文

（40分）

【１枚目】

受検番号

1

高木さんは、授業で動物のからだのしくみについて学習し、もっと知りたいと思いました。そこで、学校の図書室で以前から興味を持っていたフクロウについて調べました。さらに、ほかの動物についても調べることにしました。

次の【文章①】、【文章②】をよく読んで、あとの問いに答えましょう。

【文章①】

フクロウというのは、そもそも奇妙《きみょう》な鳥である。顔は鳥の顔というよりもサルに近い。日本にはいないが、世界じゅうにかなり広く分布しているメンフクロウなどは、その名のとおり、ほんとにお面をかぶったような顔をしている。フクロウがこの顔をすこし傾《かたむ》けて人をじっとみつめるとき、フクロウはたいへん賢《かしこ》くみえる。これがおそらく、西欧《せいおう》に広くしみついている賢いフクロウのイメージを生んだのであろう。けれどフクロウは賢くみえるだけではない。彼《かれ》らはほんとに賢いのだ。いや賢く作られているのだ。

彼らの目は大きく、夜になるとらんらんと輝《かがや》く。これはネコの目と同じことで、わずかの光でものを見る原理の産物である。フクロウは、この鋭《するど》い目で暗闇《くらやみ》の中のえものをみつけ、おそいかかる。けれどフクロウは、目だけに頼《たよ》って狩《か》りをしているのではない。光がまったくない真の暗黒の中では、さすがのフクロウも何一つ見ることはできない。ところがフクロウは、真の暗黒にした実験室の中でも悠然《ゆうぜん》と飛びたち、床《ゆか》を走るネズミめがけて的確におそいかかる。フクロウは耳で見ているのだ。

フクロウの耳は、あの丸い顔の中にある。ミミズクのとんがった「耳」は単なる羽毛《うもう》の束であって、べつにあの下に耳の穴《あな》があいているわけではない。ほんとうの耳は、目の真下よりちょっと外側、人間でいったら、頬《ほお》のあたりにある。

われわれに音の来る方向がわかるのは、耳が左右に離《はな》れてついていて、両方の耳に音が到達《とうたつ》する時間のわずかなずれをキャッチできるからである。だから真正面から音がくる場合、その音源《おんげん》がどの高さの位置にあるか、われわれにはなかなかわからない。ところがフクロウの耳は、左右に離れているだけでなく、上下にも位置がずれている。左か右かどちらかの耳の位置が、反対側のより高い、つまり、より目のほうへずれているのである。これによってフクロウは、上下方向でも音の到達時間のずれをキャッチできる。その結果、音源の位置の認知《にんち》はきわめて正確なものとなる。

床を走ってゆくネズミがたてるほんのわずかな音も、フクロウは聞き逃《のが》さない。そして、刻々《こっこく》と移ってゆくその音の位置を、フクロウは正確に捉《とら》え、それを追って飛ぶ。音源から約一メートルに近づいたとき、フクロウの両あしが反射的《はんしゃてき》にぐっと前下方に突《つ》き出され、爪《つめ》ががっと開かれる。次の瞬間《しゅんかん》、ネズミはその爪の間に捕《と》らえられている。

（日高《ひだか》　敏隆《としたか》『生きものの世界への疑問《ぎもん》』朝日新聞出版による。）

（注）音源＝音を出すもと。
　　認知＝はっきりとみとめること。

【文章②】

イルカは音をさまざまに利用していますが、その一つにエコーロケーションがあります。これはクリックスを発して、それが何かに当たって反射してきた音を聞いて、その反射したものまでの距離《きょり》、そのものの大きさや形、厚さ、材質の違《ちが》いなどを知ることができる能力です。また、そのものが動いていれば、その方向などもわかると言われています。イルカはこの能力を使って、前方に何か障害物《しょうがいぶつ》がないか、エサはいないかといったことをすばやく知ることができるのです。

（中略）

エコーロケーションによって、たとえば一〇〇m先にある直径七・六cmの物を識別できることが実験によって確かめられています。私《わたし》たちが目で見ても見えないほどの大きさの物でも、イルカは瞬間的に形や大きさなどを把握《はあく》できるのです。

（村山《むらやま》　司《つかさ》『イルカの不思議』による。）

（注）クリックス＝イルカが発する音のうちの一つ。

一　高木さんは、【文章①】と【文章②】を読んで、フクロウとイルカがえものやエサを見つけるための方法として、共通する点と異《こと》なる点をまとめ、クラスで発表します。あなたならどのように発表しますか。【文章①】と【文章②】の内容をふまえて書きましょう。

二　あなたは、授業で学習した内容について、もっと知りたいと思ったり、疑問に思ったりしたことをどのように解決しましたか。次の〈条件〉に合わせて書きましょう。

〈条件〉
○　もっと知りたいと思ったことや、疑問に思ったことを具体的に書くこと。
○　解決した手段《しゅだん》や方法を明らかにし、その経験を通じてわかったことも書くこと。
○　原こう用紙の使い方に注意して、百字以上、百二十字以内にまとめて書くこと。題や氏名を書かないで、本文だけ書くこと。

平成３０年度　滋賀県立中学校　入学者選抜

適性検査　解答用紙

受検番号	

（配点非公表）

1

1	本
2	雲画像 説明
3	
4	m 説明
5	前列　　秒ごと　後列　　秒ごと 説明

2

1			
2	（1）		
	（2）		
	（3）		
3			

平成三十年度　滋賀県立中学校　入学者選抜

作文　解答用紙

受検番号

（配点非公表）

※1の一、二は横書きで書くこと。

1

一

～石焼きいもがあまい理由～

二

資料①　・　資料②　・　資料③

↑資料①・資料②・資料③のうち２つを◯で囲むこと。

見出し

さつまいもは、

100字

120字

2

一

クラス代表百人一首大会　・　ドッジボール大会

↑クラス代表百人一首大会・ドッジボール大会のいずれかを◯で囲むこと。

二

140字　120字

受検番号	

【２枚目】

2　**春子さん**たちの学級では，森林とわたしたちの生活について調べ学習をしました。

先生

来週，森林体験学校へ校外学習に行きます。森林とわたしたちの生活について，どんなことを調べたいですか。

春子さん

４年生で学習した，水と森林の関係について調べたいな。

夏男さん

森林が川や湖の生命を育んでいると聞いたよ。どういうことかな。

秋美さん

森林には，天然林や人工林があるね。木材の利用についてくわしく調べたいな。

森林体験学校で**春子さん**たちは，水と森林の関係について，実験をとおして調べることにしました。**資料１**のように，①〜③それぞれのペットボトルの側面の一部を切り取り，①に森林の土と植物，②に森林の土，③に運動場の土を入れ，切り取ったところへ上から同じ量の水道水を雨に見立てて注ぎ，ペットボトルの口から下に置いたコップへの水の流れ方，流れ出た水や土のようすを観察してメモにまとめました。

資料１　水と森林の関係を調べる実験
①森林の土と植物 ②森林の土 ③運動場の土

春子さんのメモ

	①森林の土と植物	②森林の土	③運動場の土
水の流れ方	しばらくたって少しずつ流れた。	すぐに少しずつ流れた。	すぐに大量に流れた。
流れ出た水や土のようす	ややにごった水がコップの６割《わり》程度たまった。	少しにごった水がコップの８割程度たまった。	土が混じったかなりにごった水がコップからあふれた。

実験後のコップのようす
①　②　③

※実験に用いた土や植物は，同じ日に森林体験学校の近くで採取した。

1　**春子さん**は，実験から森林のもつはたらきに気づきました。**資料１**と**春子さんのメモ**からわかる森林のはたらきを，２つ答えましょう。

３人は，**森林体験学校の林さん**の話を聞きました。

森林体験学校の林さん

滋賀県は，周囲の森林に降《ふ》った雨や雪が，500本以上の川となって，中央にあるびわ湖に流れこみます。田んぼは，これらの川の周りに広がっています。びわ湖や川などの水を，農業用水として利用しているのです。

夏男さんは，**森林体験学校の林さん**の話から，びわ湖にすむ生物と森林との関係に注目して調べる中で，資料室で**資料２**と**資料３**を見つけました。

資料２　アオミドロ（植物の仲間）の実験

実験開始時　河口付近の水　くみ置きの水道水
実験開始から３日後　河口付近の水　くみ置きの水道水

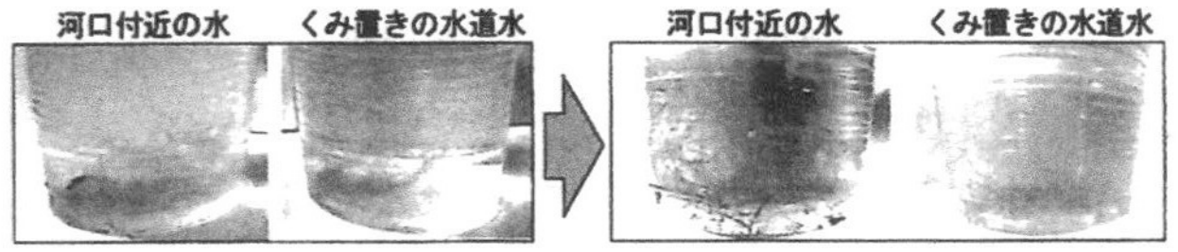

びわ湖に流れこむ川の河口付近の水とくみ置きの水道水の両方に同量のアオミドロを入れ，光を当てておくと，３日後，河口付近の水の中のアオミドロは成長したが，水道水の中のアオミドロはほとんど成長しなかった。

資料３　びわ湖の食物れんさの例

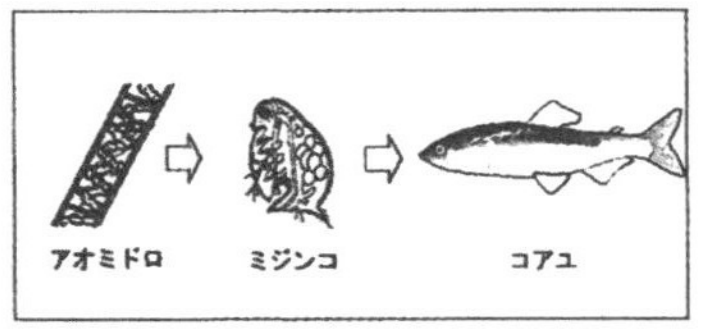

2 (1)　**夏男さん**は，**資料２**，**資料３**から，びわ湖にすむ生物と森林との関係に気がつきました。森林がびわ湖の生命を育むということについて，それぞれの資料からわかることにふれながら説明しましょう。

秋美さんは，**森林体験学校の林さん**の話を聞いて，滋賀県の農業に興味をもち，資料室で農業に関わる資料を集めた結果，**グラフ１**と**グラフ２**を見つけました。

(2)　**グラフ１**，**グラフ２**からわかることを，次の**ア**から**エ**の中から２つ選んで，記号で答えましょう。

グラフ１　滋賀県の農地面積の割合

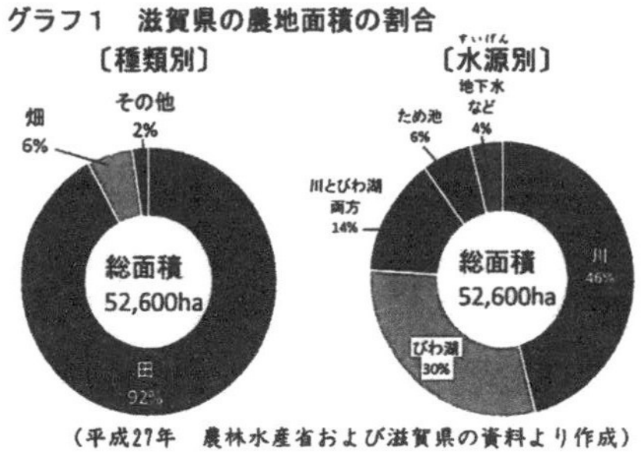

（平成27年　農林水産省および滋賀県の資料より作成）

グラフ２　滋賀県の農業産出額の割合

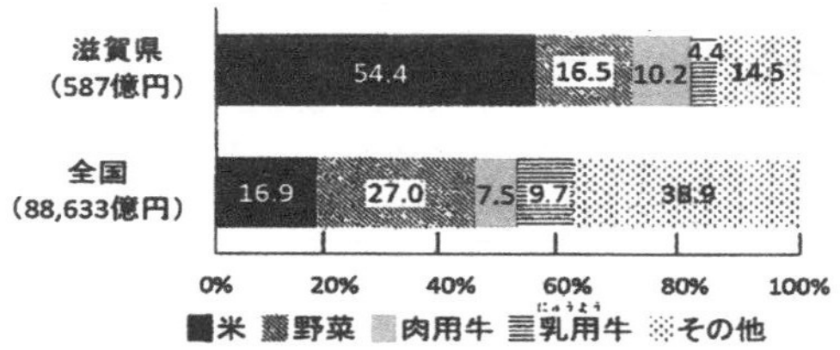

※農業産出額とは，それぞれの農産物の生産量に，その価格をかけて計算した金額のことをいう。
（平成27年　農林水産省の資料より作成）

ア　滋賀県の米の産出額は，全国の米の産出額の20％をしめる。
イ　川とびわ湖両方の水を使っている農地の面積は，7,000ha以上である。
ウ　滋賀県の１haあたりの農業産出額は，田より畑の方が多い。
エ　滋賀県の田の面積は，48,000ha以下である。

(3)　**秋美さん**は，滋賀県では，川やびわ湖などの豊富な水を使って，米づくりをしていることがわかりました。日本には，他にも米づくりがさかんな地域《ちいき》があります。それらの地域の自然条件には，豊富な水以外にどのようなものがありますか。２つ答えましょう。

春子さんたちは，**グラフ３**について，**森林体験学校の森田さん**から話を聞きました。そして，全国の森林がどのような状況《じょうきょう》にあるのかについて興味をもち，話し合いました。

森林体験学校の森田さん

人工林は，人の手が入らないと，すぐにあれてしまいます。
木を育てるのには，長い年月が必要です。
人工林の中で，木材として使えるのは，植えてから46年以上経過した森林の木です。

グラフ３　全国の人工林の植林後の年数別面積

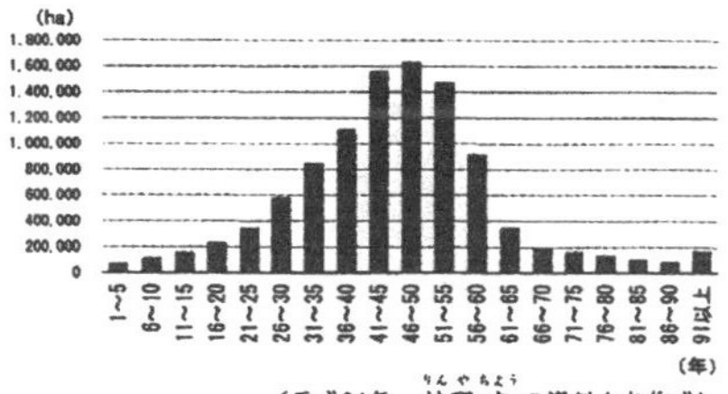

（平成24年　林野庁《りんやちょう》の資料より作成）

秋美さん

今，日本に木材として使える人工林は，どれくらいあるのかな。

夏男さん

それは，**グラフ３**からわかるね。それに，植えてから45年以下の森林は，新しい森林ほど面積が小さいこともわかるね。

春子さん

この先もずっと森林を守っていくには，どうしたらいいかな。

3　学校にもどった３人は，森林を守るためには何が必要かを考えました。**森林体験学校の森田さん**の話，**グラフ３**と３人の会話を参考にして，あなたの考えを書きましょう。

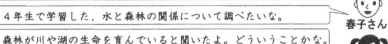

平成30年度　滋賀県立中学校　入学者選抜　適性検査　問題用紙

受検番号	

【１枚目】　　(40分)

1　６年生の**みさきさん**が通う滋賀県の小学校では，秋に運動会が行われます。運動会に関係する，あとの**１**から**５**の問いに答えましょう。

運動会では，赤組・青組・黄組に分かれて競技などを行います。赤組の**みさきさん**たちは，応えんで使う**図１**のような「V」の字をデザインした長方形の旗を考え，色をぬりながら話をしています。

みさきさん：新しい赤色の絵の具のチューブをちょうど１本を使い切ると，**図１**の㋐の部分をぬれたよ。

さとしさん：㋑と㋒の部分も赤色でぬりたいけれど，同じ絵の具のチューブは何本必要かな。

図１

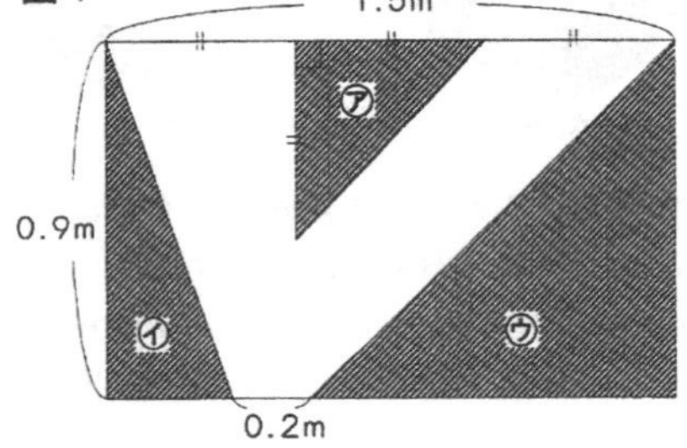

１　**みさきさん**たちが，旗の㋑と㋒の部分を赤色の絵の具でぬるためには，㋐の部分をぬった絵の具のチューブが何本必要でしょうか。整数で答えましょう。ただし，１本のチューブの絵の具でぬれる面積は同じとします。

みさきさんは運動会前日の係活動で，５年生の教室へ行き，「昨日と今日の正午の雲画像」が掲示《けいじ》されているのを見つけました。翌日《よくじつ》の運動会の天気が気になった**みさきさん**は，２枚《まい》の雲画像を見比べ「明日は晴れそうだな。」と予想しました。

雲画像A　**雲画像B**

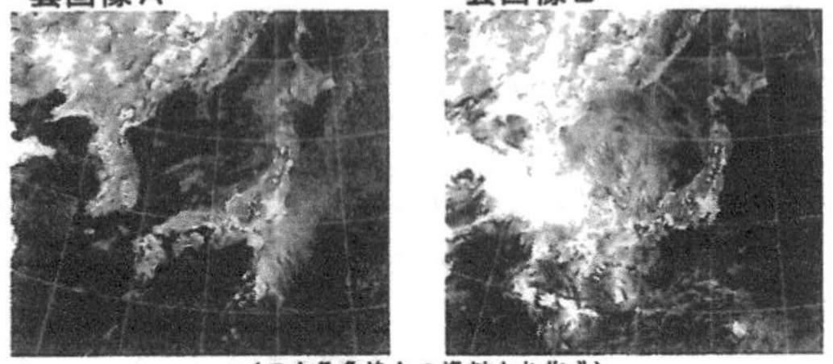

（日本気象協会の資料より作成）

２　運動会前日の雲画像は，**雲画像A**と**雲画像B**のどちらでしょうか。また，**みさきさん**が「明日は晴れそうだな。」と予想した理由を説明しましょう。

みさきさんは弟の５年生の**たいちさん**と，翌日の運動会に持って行く飲み物について話をしています。

たいちさん：明日は，冷たい水を飲みたいから，ペットボトルのまま，水をこおらせて持って行こう。

みさきさん：このペットボトルには「容器のままで，こおらせないでください。」と書いてあるよ。

３　家にあるペットボトルには，**図２**のように注意が書いてあります。なぜこのような注意が書かれているのでしょうか。その理由を説明しましょう。

図２

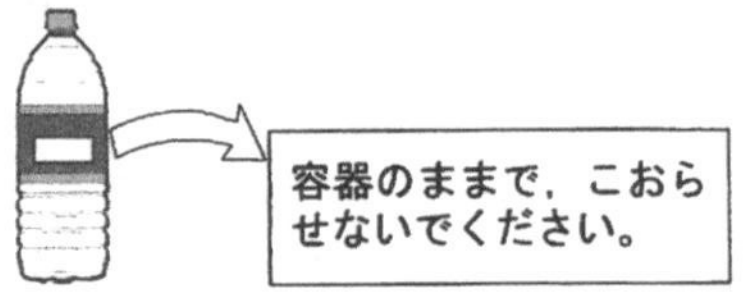

運動会当日の朝，**みさきさん**と**さとしさん**は，校舎の屋上からつるされている運動会のスローガンが書かれた垂《た》れ幕《まく》を見ながら話をしています。

みさきさん：垂れ幕の長さは，校舎の高さのおよそ$\frac{2}{3}$だね。垂れ幕はどれくらいの長さがあるのかな。

さとしさん：身長とかげの長さを使って，校舎の高さを求められないかな。ぼくの身長は１５０ｃｍだよ。

みさきさんと**さとしさん**は，**図３**のようにできているかげの長さについて調べました。

みさきさんたちが調べたこと

> 地面から屋上までの校舎のかげの長さは，**みさきさん**の２４歩分で，そのときの**さとしさん**のかげの長さは**みさきさん**の３歩分あった。

図３

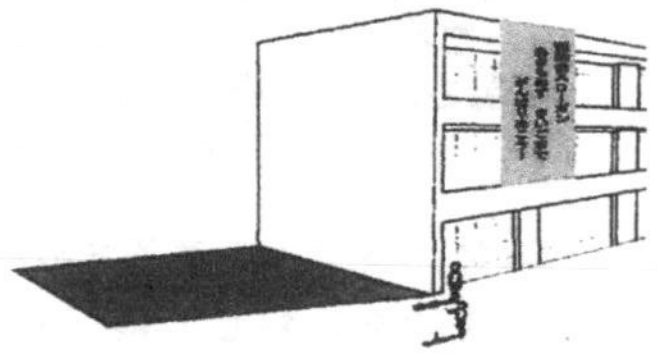

４　垂れ幕の長さを校舎の高さの $\frac{2}{3}$ としたとき，垂れ幕の長さは何ｍでしょうか。また，そう考えた理由を言葉や数，式などを使って説明しましょう。

運動会では，５・６年生全員で団体演技を行います。演技の最後に，**図４**のように前後２列に分かれて並《なら》び，ウェーブをします。

ウェーブのつくりかた

> ・立って上半身を前にたおした状態で待ち，となりの人が体を起こしはじめたら，うでを上げながら自分も体を起こし，その後，上半身を前にたおすことで波をつくる。
> ・前列と後列の起点の人は，それぞれ一定のリズムで，体を起こしたり，たおしたりすることをくり返す。

図４

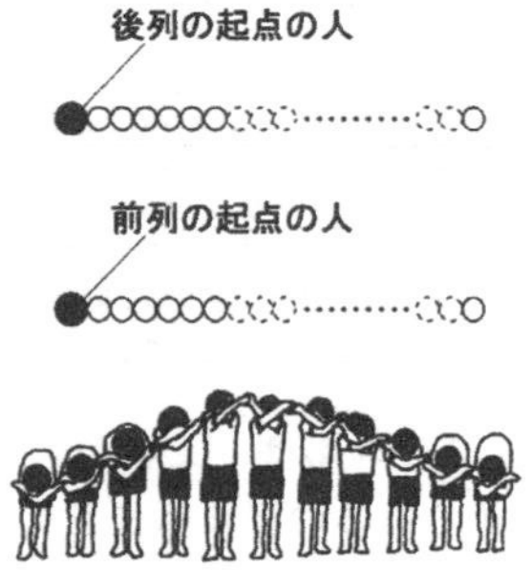

次の日，**みさきさん**は家族といっしょに，運動会の団体演技のようすを動画で見て，**おとうさん**と話をしています。

みさきさん：最初，前列と後列の起点の人は同時に体を起こしはじめたけれど，少しずつ２人の体の動きがずれていったね。でも，しばらくすると，また，２人同時に体を起こしたよ。

おとうさん：前列の起点の人が体を起こしはじめ，次に体を起こしはじめるまでにかかる時間は，後列の起点の人が同じ動きをするのにかかる時間よりも２秒短かったね。
両方の起点の人が同時に体を起こしはじめた瞬間《しゅんかん》を０秒とすると，次に同時に体を起こしはじめたのは２４秒後だよ。
前列と後列の起点の人は，それぞれ何秒ごとに体を起こしはじめていたのかな。

５　前列と後列の起点の人は，それぞれ何秒ごとに体を起こしはじめていたのでしょうか。また，そう考えた理由を言葉や数，式などを使って説明しましょう。

2

六年三組の田中さんのクラスでは、グループで順番に、学級新聞を発行しています。「学級新聞二月号」は、田中さんのグループが発行することになり、今日は田中さんが司会をして、二月号の内容について、グループで話し合いをしています。

【話し合いの様子】をよく読んで、あとの問いに答えましょう。

【２枚目】

受検番号

【話し合いの様子】

田中　これから、「学級新聞二月号」の内容について、話し合いを始めるよ。最初に、トップ記事を何にするか決めよう。みんなに書いてもらったアンケートの結果をみると、三日前に行われた「クラス代表百人一首大会」と、一週間前に行われた「ドッジボール大会」の票が多いね。

木下　トップ記事は、一番目立つところに大きく書いてのせるよね。クラスのみんなに強く印象に残っていることがいいから、「クラス代表百人一首大会」にしようよ。

西　決勝で接戦の末、四組に勝ったから、とてもうれしかったね。

田中　アンケートでは、「クラス代表百人一首大会」を選んだ理由に、「ゆう勝したから。」と書いている人が多いね。「ドッジボール大会」を選んだ理由には、「楽しかったから。」と書いている人が多いよ。

木下　わたしは、六年生の四クラスの中で、三組の代表がゆう勝した「クラス代表百人一首大会」のことがいいと思うな。

大島　アンケートにあったように、「ドッジボール大会」は、もりあがって楽しかったし、練習もがんばったよ。

西　「クラス代表百人一首大会」も、練習をがんばったよ。

木下　「クラス代表百人一首大会」は、代表になるための予選があったから、昼休みにグループで百人一首の練習をしたり、家でも、札をおぼえたりしたよね。

西　札をすばやくとる練習をしたり、くふうしておぼえたりしていた人もいたよ。

田中　「ドッジボール大会」の練習は、どうだったのかな。

大島　得意な人が、苦手な人にていねいに教えていたね。

川口　そのおかげで、みんなボールをとったり投げたりするのがうまくなって、練習するのがどんどん楽しくなっていったよ。

田中　そうだね。楽しかったね。ほかには、どうかな。

西　「クラス代表百人一首大会」は、いつも冬に行われるから、二月号のトップ記事として、季節感が出るよね。

木下　「ドッジボール大会」は、春にもあったしね。

川口　確かにそうだけれど、「ドッジボール大会」では、練習をしていくうちに、クラスが団結していったと感じたよ。

田中　どうしてそのように感じたのかな。

川口　三組はドッジボールが強くなかったから、ほかのクラスに勝てる作戦を、みんなで考えたよね。話し合いをしながら、練習を重ねていくうちに、少しずつクラスが一つになっていくように感じたからだよ。

大島　そうだったね。みんなで団結していったことを、トップ記事にしようよ。

木下　でも、「クラス代表百人一首大会」は、六年生の四クラスで一番だよ。

西　三組は、いろいろな大会で一度もゆう勝できなかったよね。「クラス代表百人一首大会」が、初めてのゆう勝だったから、トップ記事にふさわしいと思うな。

木下　本当にうれしくて、みんなでとびあがって喜んだよね。

川口　「ドッジボール大会」だって、春は最下位だったのに、今度は三位で、順位があがったよ。

大島　「ドッジボール大会」では、みんなで声をかけ合って練習をしたり、負けたあとも、みんなのがんばりに自然にはく手がおこったりしたよ。

川口　クラスが団結していった「ドッジボール大会」を、トップ記事にしたいな。

田中　どちらをトップ記事にするのがいいかな。そろそろ決めようか。

～（話し合いが続く）～

一　**【話し合いの様子】**では、「クラス代表百人一首大会」と「ドッジボール大会」のどちらかをトップ記事にするという意見が出ています。あなたなら、「クラス代表百人一首大会」と「ドッジボール大会」のどちらをトップ記事にしたいと考えますか。どちらかを選び、選んだ理由を、両方の意見を比べて書きましょう。

二　あなたは、「一年間をふり返って、学校生活で一番思い出に残ったこと」をテーマに、三月に発行するあなたのクラスの「学級新聞最終号」のトップ記事を書くことになりました。次の**〈条件〉**に合わせて書きましょう。

〈条件〉
- **○　あなたが体験した「六年生の学校生活で一番思い出に残ったこと」にふれながら、「学級新聞最終号」のトップ記事を書くこと。ただし、「百人一首」と「ドッジボール」以外について書くこと。**
- **○　原こう用紙の使い方に注意して、百二十字以上、百四十字以内にまとめて書くこと。題や氏名を書かないで、本文だけ書くこと。**

平成三十年度　滋賀県立中学校　入学者選抜　作文

（40分）

【1枚目】

受検番号

1　本田さんは、地域《ちいき》のふれあい祭りで出される「石焼きいも屋さん」のお手伝いをすることになり、せん伝のちらしを書くことになりました。そこで、図書館でさつまいもについて調べました。

次の**【文章】**をよく読み、さらに**【「石焼きいも屋さん」のせん伝ちらし】**、**【資料①】**、**【資料②】**、**【資料③】**をよく読んで、あとの問いに答えましょう。

【文章】

さつまいもは、生ではかたくて消化も悪いので、加熱してやわらかくしてから食べます。実は、このときの加熱方法によって、さつまいものあまみが変化するのです。

これには、さつまいもにふくまれるでんぷんと、「アミラーゼ」という酵素《こうそ》が関係しています。さつまいもの細胞《さいぼう》には、じゃがいもと同じように、でんぷんがためこまれています。

そして、アミラーゼは、でんぷんを分解し、とう分に変えるはたらきがあります。でんぷんは、ブドウとうという小さなブロックがたくさんつながってできている成分です。これをβ《ベータ》-アミラーゼが二つずつのブロックに切り分けます。このブドウとうが二つつながったものは「麦芽《ばくが》とう」と呼《よ》ばれていて、水飴《みずあめ》などに多くふくまれるあまみ成分です。このように、アミラーゼをうまくはたらかせると、でんぷんをとう分に変えて、さつまいもをあまくすることができます。

でんぷんが加熱によってふやけて酵素がはたらきやすくなり、かつ、酵素がこわれずに、活発にはたらくのは七十℃くらい。したがって、ゆっくりじんわり加熱して、七十℃前後を長い時間たもつと、さつまいもをあまくすることができます。

このようにさつまいもをゆっくり加熱して、アミラーゼをよくはたらかせる調理方法の代表例が石焼きいもです。この方法では、加熱した小石の上にさつまいもをのせ、その熱でさつまいもを調理します。こうすると、ゆでたり、電子レンジで加熱したりする場合に比べて、熱がゆっくりと内側に伝わり、中ででんぷんがとう分に変わります。その一方で、表面はかなり熱くなるので水分がじょう発し、その分、あまみがぎゅっとこくなります。今も昔も石焼きいもが人気なのには、ちゃんと理由があるようです。

（平松《ひらまつ》サリー『おもしろい！　料理の科学』による。）

（注）酵素　＝　体の中でつくられ、体の中で起こるさまざまな変化を助けるはたらきをするもの
細胞　＝　生物の体をつくっているいちばん小さい単位
ブロック　＝　一区切り
β-アミラーゼ　＝　アミラーゼの一種

でんぷんの変化の様子

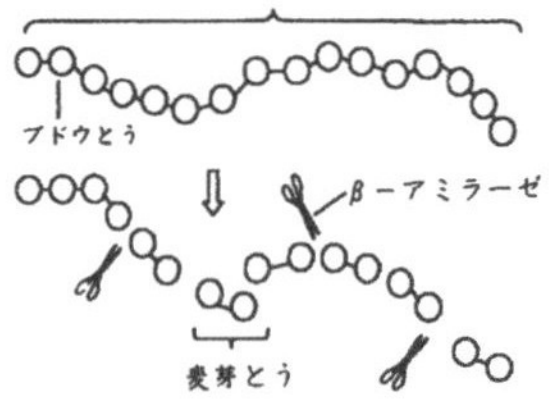

【「石焼きいも屋さん」のせん伝ちらし】

あまくておいしいよ！！

石焼きいも
1本　200円
場所：ふれあい広場
みんな買いに来てね！

～石焼きいもがあまい理由～

（　見出し　）
さつまいもは、
※

【資料①】

１０００平方メートルの田んぼでイネを育てると、ふつうは５００キログラム、多くても１０００キログラムの米しかとれません。ところが、さつまいもは同じ広さの畑で育てると、ふつうで２０００～３０００キログラム、多いときには１万キログラムものいもがとれます。

また、天候が不順で米や麦があまりできない「ききん」のときも、元気に育ちます。そのため、昔からききんのときに、世界のあちこちで米や麦のかわりに食べられ、たくさんの人びとのいのちをすくってきました。

（大木邦彦『サツマイモ－いもの成長－』による。）

【資料②】

さつまいもには、体を動かすエネルギーになる炭水化物（でんぷん）や、体のちょうしを整えるカリウムやカルシウム、ビタミンなどが、たくさんふくまれています。また、食物繊維《しょくもつせんい》が多いので、食べると、お腹《なか》のちょうしを整えるはたらきをします。

（大木邦彦『サツマイモ－いもの成長－』による。）

（注）　カリウム　＝　無機質の一つ
食物繊維　＝　食べ物にふくまれる消化されにくい成分

【資料③】

さつまいもは、日本各地でさいばいされているいもです。種類もたくさんあり、世界には３０００～４０００種類もあります。（中略）

日本では、４０種類ほどがさいばいされています。都道府県別にみると、鹿児島《かごしま》県で全体の４０％近くの量がつくられていて、そのほかに茨城《いばらき》県や千葉県、宮崎《みやざき》県や熊本《くまもと》県などで多くつくられています。

（大木邦彦『サツマイモ－いもの成長－』による。）

一　本田さんは、**【文章】**を読んで、**【「石焼きいも屋さん」のせん伝ちらし】**の「**～石焼きいもがあまい理由～**」に、さつまいもをあまくするには、石焼きいもの調理方法がすぐれていることの説明を書きます。あなたならどのように書きますか。**【文章】**の中の言葉を使って書きましょう。

二　本田さんは、**【「石焼きいも屋さん」のせん伝ちらし】**の※に、資料を使って、さらに、さつまいもについて説明をする文章を書くことにしました。あなたならどのように書きますか。次の〈**条件**〉に合わせて書きましょう。

〈**条件**〉
○　**【資料①】、【資料②】、【資料③】のうち、二つの資料を使い、それぞれの資料の言葉を使って書くこと。**
○　**あなたが書いた文章にふさわしい見出しをつけること。**
○　**書き出しの言葉に続けて、百字以上、百二十字以内にまとめて書くこと。なお、書き出しの言葉は字数にふくむ。題や氏名を書かないで、本文だけ書くこと。**